Gabriele Hille-Coates

Ovid, Metamorphosen

Kopiervorlagen für kompetenzorientierte Lektüre

Download des E-Books unter:
www.v-r.de/ovid-metamorphosen
Code: 6bwaJCU2

Vandenhoeck & Ruprecht

Mit 19 Abbildungen

Bibliografische Information der Deutschen Nationalbibliothek
Die Deutsche Nationalbibliothek verzeichnet diese Publikation in der
Deutschen Nationalbibliografie; detaillierte bibliografische Daten sind
im Internet über http://dnb.d-nb.de abrufbar.
ISBN 978-3-525-71102-6
Weitere Ausgaben und Online-Angebote sind erhältlich unter: www.v-r.de

Umschlagabbildung: © Melissa Weinman, reproduction of the artist, melissaweinman.com

Abbildungsnachweis: bpk | RMN – Grand Palais | Gérard Blot: S. 61 (rechts) – Mark Cambelke: S. 33 – Fotolia: S. 12 (Fasching), © Alex Azarov; S. 12 (Genfood), © bluedesign; S. 12 (Hochzeit), © Esther Hilde-brandt Shutterstock: S. 25 © kochanowski; S. 31 © The Modern Canvas und © cynoclub – Gabriele Hille-Coates: S. 12 (Babyfoto/Baum) – Ion Ander Ramirez: S. 31 – © Melissa Weinman, reproduction of the artist, melissaweinman.com: S. 39 – wikimedia Commons: S. 7, S. 12 (Raupe); S. 56; S. 61 (Frederik Leighton)

© 2015, Vandenhoeck & Ruprecht GmbH & Co. KG, Göttingen /
Vandenhoeck & Ruprecht LLC, Bristol, CT, U.S.A.
www.v-r.de
Alle Rechte vorbehalten. Das Werk und seine Teile sind urheberrechtlich geschützt.
Jede Verwertung in anderen als den gesetzlich zugelassenen Fällen bedarf der vorherigen
schriftlichen Einwilligung des Verlages.
Printed in Germany.

Satz: SchwabScantechnik, Göttingen
Umschlag: SchwabScantechnik, Göttingen
Druck und Bindung: ⊕ Hubert & Co., Göttingen

Gedruckt auf alterungsbeständigem Papier.

Inhalt

Vorwort 4

Einstieg

Themenspezifische Kompetenzen für Ovids *Metamorphosen* 5
Leben und Werk des Dichters Ovid 7
Das Epos 10
Die *Metamorphosen* – eine inhaltliche Einstimmung 12
Die *Metamorphosen* – Überblick über den Inhalt 13
Die *Metamorphosen* – Projektarbeit 15

Texte

Proömium: Dichter und Dichtung im Wandel 16
Erzählperspektive 18
Antike Evolution: Die vier Weltalter 19
Lycaon: Ein antiker Werwolf? 25
Apoll und Daphne 32
Narcissus und Echo 44
Die lykischen Bauern 52
Daedalus und Ikarus 59
Epilog: Dichtung im Wandel der Zeit 65

Anhang

Wandel-Zitate 66
Nachwirkungen und Rezeption 67
Sprachliche Besonderheiten in Ovids *Metamorphosen* 69
Der Hexameter – ein Basiskurs 70
Lernwortschatz 74

Liebe Kolleginnen und Kollegen,

Jeder neuen Schulausgabe zu Ovids Werken stellt sich die Aufgabe, entsprechend den neuesten Kompetenzkriterien für den Lateinunterricht die vorhandenen Materialien sowohl aus Forschung und Schullektüren als auch aus von Ovid beeinflusster Literatur und Kunst neu einzubinden, was allein für die *Metamorphosen* ein fast ebenso kosmologisches Ansinnen ist wie das Thema des Epos selbst.

Die vorliegenden, für den Unterricht der Qualifikationsphase auf grundlegendem und erweitertem Niveau gedachten Kopiervorlagen zu den *Metamorphosen* haben dementsprechend die Sprach-, Text- und Kulturkompetenzen zum Ausgangspunkt genommen, wie sie von den ministerialen Vorgaben der verschiedenen Bundesländer verlangt werden, und rekurriert in ihren Aufgabenformulierungen auf die gängigen, standardisierten Operatoren. Die Aufgaben entsprechen in ihren Anforderungen den schriftlichen und mündlichen Leistungsüberprüfungen sowie den standardisierten Abituraufgaben: Ausgehend von der Übersetzung des lateinischen Textes (T), für den jeweils die Edition der *Online Latin Library* zugrunde gelegt wurde, deren Rand-Erläuterungen den Bamberger Wortschatz ergänzen, gibt es jedoch neben Analyse-Aufgaben auch kreative Aufträge (A) und unterstützendes Zusatzmaterial (M).

Prinzipiell sind die einzelnen Episoden so aufgebaut, dass sie in ihrer Gesamtheit alle wichtigen Kompetenzen für die Lektüre von Ovids *Metamorphosen* in der Oberstufe trainieren. Dennoch müssen die einzelnen Bausteine nicht komplett von jedem Einzelnen erarbeitet werden, sondern eignen sich sehr gut zur kooperativen Binnendifferenzierung und zur Lernzirkelarbeit. Der Abschnitt über die vier Weltalter, dessen Aufgaben implizit binnendifferenziert angelegt sind, liefert eine Vorlage dafür, wie mehrere Textbausteine kooperativ behandelt werden können. Auch die lektürebegleitenden Langzeitaufgaben zur Erzählperspektive, zu den Vokabel-Mindmaps oder zum »Metamorphosen-Wiki« (Metamorphosen-Lexikon) können kooperativ-binnendifferenzierend zum Einsatz kommen.

Ferner sind die vorliegenden Unterrichtshilfen bestrebt, implizit fortschreitend die häufig an antike lateinische Literatur gerichtete Frage zu beantworten, was die *Metamorphosen* heutigen Lesern neben Kulturwissen an Interessantem und Lohnenswertem bieten können. Wünschenswert wäre, wenn die Antwort der Schüler am Ende der Lektüre lauten würde, dass Ovid sie die Welt einmal durch andere Augen hat betrachten lassen, durch die Augen der Antike, die ein ganz anderes Allgemeinwissen hatte und sich an anderen Dingen orientierte als wir heute. In ihrer Prägung durch den Polytheismus stand die Antike ja auf völlig anderen Fundamenten als unsere philosophisch aufgeklärte Gegenwart. Es herrschte eine uns moderne Menschen befremdende Ohnmacht gegenüber den launenhaften Göttern, die manchmal sehr menschlich reagieren konnten, z. B. mit Neid, Zorn, Rache oder unkontrolliert heißer Liebe. Wir hingegen haben heute das Grundgefühl, unser Leben selbstständig gestalten zu können oder auch gestalten zu müssen. Für unseren »Lebenswandel« wie für die Veränderungen in unserem Leben fühlen wir uns in der Hauptsache selbst verantwortlich.

So können die *Metamorphosen* unsere Schüler im Idealfall inspirieren und auch provozieren, sich in Abgrenzung zur Antike ihres heutigen (im Wesentlichen wissenschaftlich geprägten) Standortes zu vergewissern bzw. sich auch mit ihren Wertungen z. B. menschlicher Verhaltensweisen und Leidensgeschichten mit den antiken Texten zu identifizieren.

In diesem Sinne wünsche ich Ihnen einen erfolg- und ertragreichen Unterricht.

Göttingen, Frühjahr 2015
Dr. Gabriele Hille-Coates

Themenspezifische Kompetenzen für Ovids *Metamorphosen* E1

Sicher ist Ihnen der Begriff »Kompetenzen« in Verbindung mit Schule schon öfter begegnet. **Kompetenz** leitet sich vom lateinischen Verb *competere* her, das so viel wie »zu etwas fähig sein«, aber auch »gemeinsam erstreben« bedeutet.

Jedes Schulfach hat für die jeweiligen Altersgruppen allgemeine Kompetenzen formuliert, mit denen die Lernenden Schlüsselqualifikationen erreichen können. Im Unterricht müssen diese Kompetenzen dann am jeweiligen Thema konkretisiert werden.

1. Lesen Sie den Katalog der Kompetenzen und haken Sie v. a. im Kompetenzbereich SPRACHE ab, welche Qualifikationen Sie in das neue Thema bereits mit einbringen können (s. u. »Abfrage Anfang«). Eventuell können Sie in den Kompetenzbereichen TEXT und KULTUR auch schon durch die Kenntnis anderer lateinischer Dichter oder ggf. auch aus einer früheren Ovid-Lektüre in der Mittelstufe weitere Haken setzen.
2. Gehen Sie den Katalog der Kompetenzen am Ende der Lektüre nochmals durch und haken Sie ab, welche Qualifikationen Sie inzwischen neu erworben haben bzw. welche noch fehlen oder bei welchen Sie sich noch unsicher sind (»Abfrage Ende«).
3. Vergleichen Sie Ihre Listen im Kurs und bilden Sie Arbeitsgruppen, um Lücken bzw. Unsicherheiten aufzuarbeiten. Lassen Sie sich dabei von Ihrem Kursleiter beraten.

Im Kompetenzbereich SPRACHE kann ich …	Abfrage Anfang	Abfrage Ende
– anhand der gelesenen Exzerpte einen für Ovids *Metamorphosen* spezifischen Wortschatz anwenden (Wandel, Natur, Charaktereigenschaften, Liebe etc.)		
– Kenntnisse der Wortbildungslehre zur Worterschließung anwenden, und zwar bei * von Adjektiven und Partizipien abgeleiteten Abstrakta *(-tas, -tia, -itia, -tudo)* * von Verben abgeleiteten Substantiven, die Handlungen bezeichnen *(-tio, -sio)* * der Unterlassung der Assimilation (z. B. *in-munis, in-rupit, ad-nuere*) * der Substantivierung von Adjektiven, Partizipien und Gerundiva im Singular und Plural des Neutrums zur Formulierung abstrakter Sachverhalte (z. B. *experientia*)		
– Fremdwörter/Fachtermini im Deutschen und in anderen Sprachen mithilfe des lateinischen Vokabulars und ggf. des kulturhistorischen Hintergrundes erklären und sie sachgerecht anwenden (z. B. »Narzissmus«)		
– sprachliche Besonderheiten erkennen und richtig übersetzen, z. B. * Perfekt- und Plusquamperfekt-Formen (z. B. *mutastis, gemuere, norant*) * poetische Sondermorpheme (z. B. *caelestum* für *caelestium*) * griechische Akkusativformen (z. B. *Pythona, Creten*) * den dichterischen Plural * substantivierte Partizipien im Nominativ Plural neutrum (z. B. *coepta*)		
– stilistische Besonderheiten erkennen und richtig übersetzen, z. B. elliptische Formulierungen		

Im Kompetenzbereich TEXT kann ich …

	Abfrage Anfang	Abfrage Ende

- einzelne Erzähleinheiten der Textsorte angemessen übersetzen
- wesentliche Aspekte der einzelnen Erzähleinheiten strukturiert zusammenfassen, wobei ich ggf. wichtige lateinische Ausdrücke auch korrekt zitieren kann
- einzelne Erzähleinheiten und deren Dramatisierung analysieren
- einzelne Erzähleinheiten kreativ umsetzen und gestalten
- die Erzählperspektive der *Metamorphosen* benennen und analysieren
- die stilistische Gestaltung einer Erzähleinheit beschreiben, indem ich auffällige Stilmittel benennen sowie ihre Funktion im Kontext erläutern kann
- die metrische Gestaltung einer Erzähleinheit beschreiben und dabei Auffälligkeiten benennen sowie ihre Funktion im Kontext erläutern
- Verse metrisch korrekt vortragen
- Ovids Charakterisierung der Figuren herausarbeiten

Im Kompetenzbereich KULTUR kann ich …

	Abfrage Anfang	Abfrage Ende

- Ovids Charakterisierung der Figuren in ihrem kulturhistorischen Kontext interpretieren
- die Abhängigkeit der augusteischen Literatur vom Princeps sowie den augusteischen Wertvorstellungen (z. B. *pietas*) und Gesetzen (z. B. *lex Iulia et Papia*) darstellen
- den Begriff »Metamorphose« erklären
- die Erzähleinheiten im Hinblick auf die typischen Merkmale der *Metamorphosen* analysieren und mich kritisch damit auseinandersetzen:
  * Metamorphose als Wesensenthüllung und/oder Aition,
  * Darstellung seelischer Vorgänge
  * Darstellung von Göttern (insbesondere anthropomorphe Züge, Polytheismus)
  * Verhältnis von Menschen und Göttern (insbesondere Hybris und Strafe)
- typische formale Merkmale der Textsorte Epos benennen
- typische bzw. untypische epische Elemente in Ovids *Metamorphosen* identifizieren
- Ovids *Metamorphosen* als *carmen perpetuum* mit Episoden aus den Bereichen Mythos und Geschichte erklären
- mich aus der heutigen Perspektive kritisch mit der Bedeutung einzelner Erzählvorgänge auseinandersetzen, indem ich bei der Begegnung mit der römischen Kultur fremde und eigene Wertvorstellungen vergleichen und überprüfen sowie ggf. meinen eigenen Standpunkt zukunftsfähig modifizieren kann
- das Nachwirken einzelner Metamorphosen im kulturellen Diskurs der Neuzeit (vor allem in den Geisteswissenschaften und der Psychologie) erklären
- exemplarische Rezeptionsdokumente zu den *Metamorphosen*, z. B. aus den Bereichen der bildenden Kunst, Musik oder Literatur vergleichen und mich kritisch damit auseinandersetzen
- Ovids Leben und Werk in Grundzügen beschreiben

Leben und Werk des Dichters Ovid E2

Es ist uns nur wenig über das Leben des Publius Ovidius Naso bekannt. Die meisten Informationen stammen von ihm selbst, denn er ist der erste Dichter der abendländischen Literaturgeschichte, von dem eine poetische Autobiografie überliefert ist. Im Folgenden sind Ausschnitte dieser Autobiografie, die Ovid im Exil verfasst hat, abgedruckt (*Tristia* 4,10):

1. Arbeiten Sie im lateinischen Text die in der deutschen Version noch fehlenden Ausdrücke heraus, zitieren und übersetzen Sie sie.
2. Stellen Sie anschließend auf dieser Grundlage einen Steckbrief zu Ovids Leben und Werk zusammen und ergänzen Sie diesen um Informationen und Bildmaterial aus Lexika und dem Internet.

Ille ego qui fuerim, tenerorum lusor amorum,
    quem legis, ut noris, accipe posteritas.

Sulmo mihi patria est, gelidis uberrimus undis,
    milia qui novies distat ab Urbe decem.

Editus hic ego sum nec non ut tempora noris,
    cum cecidit fato consul uterque pari.

Si quid id est, usque a proavis vetus ordinis heres, non modo fortunae munere factus eques.

Nec stirps prima fui; genito sum fratre creatus,
    qui tribus ante quater mensibus ortus erat.
Lucifer amborum natalibus affuit idem:
    una celebrata est per duo liba dies; (…)

Wer ich war, ich, jener _____ zärtlicher Liebeleien –, damit du, Nachwelt, weißt, wen _____ –, höre! Meine Heimat ist _____, überreich an kalten Gewässern, das neunmal zehntausend Schritt von _____ entfernt liegt. Hier bin ich geboren, und zwar, damit du den Zeitpunkt weißt, als die beiden Konsuln durch das gleiche Schicksal _____. Falls das etwas bedeutet: Das alte Rangerbe stammt von den Ahnen her: Nicht nur durch _____ bin ich zum Ritter gemacht worden. Aber ich war nicht der Älteste: Ich wurde geboren, _____ _____ der _____ Monate zuvor auf die Welt gekommen war. Der Geburt von uns beiden stand derselbe Frühstern zur Seite, und der gemeinsame Tag wurde durch zwei _____ geehrt. (…)

Frater ad eloquium viridi tendebat ab aevo,
    fortia verbosi natus ad arma fori;
at mihi iam puero caelestia sacra placebant,
    inque suum furtim Musa trahebat opus.
(…)

scribere temptabam verba soluta modis.
Sponte sua carmen numeros veniebat ad aptos,
    et quod temptabam scribere versus erat.
(…)
Iamque decem vitae frater geminaverat annos,
    cum perit, et coepi parte carere mei.
(…)

Temporis illius colui fovique poetas,
    quotque aderant vates, rebar adesse deos.
Saepe suas volucres legit mihi grandior aevo,
    quaeque necet serpens, quae iuvet herba, Macer.

Saepe suos solitus recitare Propertius ignes
    iure sodalicii, quo mihi iunctus erat.
Ponticus heroo, Bassus quoque clarus iambis
    dulcia convictus membra fuere mei.

Et tenuit nostras numerosus Horatius aures,
    dum ferit Ausonia carmina culta lyra.
Vergilium vidi tantum, nec avara Tibullo
    tempus amicitiae fata dedere meae.

Seit seiner Kindheit neigte mein Bruder zur _____, war geboren zu den tüchtigen Waffen des wortreichen Marktplatzes; aber mir gefielen schon als Knabe die himmlischen Weihen, und _____ lockte mich heimlich zu ihrem Werk. (…)

ich versuchte, Wörter frei von Versmaßen zu schreiben. Doch das Gedicht fügte sich _____ zu passenden Maßen, und was ich zu schreiben begann, war Vers. (…)
Und eben hatte der Bruder zehn Lebensjahre verdoppelt, als er _____, und ich begann, einen Teil meiner selbst _____. (…)

Ich verehrte und brannte für die _____ jener Zeit, und ich meinte, es seien so viele Götter anwesend, wie Dichter da waren. Oft las mir Macer, der _____ war als ich, seine Vogelgedichte vor und davon, welche Schlange giftig ist und welches Kraut heilt.

Oft pflegte Properz seine Liebesfeuergedichte _____ nach Kameradschaftsbrauch, durch den er mit mir verbunden war. Ponticus, berühmt im epischen Versmaß, und auch Bassus, berühmt durch seine Iamben, waren _____ Gefährten meines Kreises.

Und der formenreiche Horaz hielt unsere _____ in Bann, während er stilvollendete Gedichte mit ausonischer Lyra vortrug. Vergil _____ ich nur, und das geizige Schicksal ließ Tibull keine Zeit für eine Freundschaft mit mir.

Successor fuit hic tibi, Galle, Propertius illi;
  quartus ab his serie temporis ipse fui.
(…)

Molle Cupidineis nec inexpugnabile telis
  cor mihi, quodque levis causa moveret, erat.
Cum tamen hic essem minimoque accenderer
  igni, nomine sub nostro fabula nulla fuit.
Paene mihi puero nec digna nec utilis uxor
  est data, quae tempus per breve nupta fuit.

Illi successit, quamvis sine crimine coniunx,
  non tamen in nostro firma futura toro.
Ultima, quae mecum seros permansit in annos,
  sustinuit coniunx exulis esse viri.
(…)

scite, precor, causam (nec vos mihi fallere fas est)
  errorem iussae, non scelus, esse fugae.
(…)

Hic ego, finitimis quamvis circumsoner armis,
  tristia, quo possum, carmine fata levo. (…)

Dieser war dein Nachfolger, Gallus, und Properz Nachfolger für jenen; in der Zeitfolge war ich selbst von diesen der Vierte. (…)

Ich hatte ein zärtliches und den Geschossen Cupidos leicht erlegenes Herz, welches schon ein leichter Auslöser erregte. Dennoch, obwohl ich so war und vom kleinsten _____ entzündet wurde, gab es kein Gerede über meinen Namen. Fast als Knabe noch wurde mir eine weder _____ noch _____ Gattin gegeben, die nur für kurze Zeit meine Gemahlin war.
Jener folgte eine Ehefrau, die – obwohl ohne _____ – dennoch nicht in unserem Ehebett verblieb. Als Letzte hat diejenige, die bis in die späten Jahre bei mir blieb, es ertragen, die Ehefrau eines _____ Mannes zu sein. (…)

Wisst bitte, dass der Grund für die Verbannung (und es ist nicht recht für mich, euch zu täuschen) ein _____ war, kein _____. (…)

Obwohl ich von den nachbarlichen Waffen umklirrt werde, erleichtere ich hier das _____ Schicksal, wie ich nur kann, durch _____. (…)

Leben und Werk des Dichters Ovid

Das Epos   E3

Der Begriff Epos leitet sich vom griechischen Wort *epos* (ἔπος) her und bedeutet »Kunde« oder »Sage« bzw. »was gesagt wird«. Dabei steht der Begriff nicht nur allgemein für das gesprochene »Wort«, sondern wohl schon von vornherein auch konkret für »Dichtung in Hexametern« sowie für den »Hexameter« als Einzelvers (zum Aufbau dieses Versmaßes s. S. 70 ff.). Dabei wurden die Texte anfangs ausschließlich mündlich weiter vermittelt *(oral poetry)* und erst später schriftlich festgehalten, sie waren also ihrem ursprünglichen Wesen nach rein mündliche Vortragstexte für eine anwesende Zuhörerschaft und standen erst später als verschriftlichte Lektüre zur Verfügung.

In der Entwicklung der griechisch-lateinischen Literatur deckte der Terminus »Epos« im Laufe der Jahrhunderte eine Vielzahl dichterischer Formen ab, die anfangs stärker von der Mündlichkeitstechnik, später vermehrt durch die Möglichkeiten der schriftlichen Kompositionstechnik beeinflusst wurden.

Aufgrund dieses Wandels und der Vielzahl der epischen Formen scheint die folgende Übersicht zu den Gattungsmerkmalen praktikabler als eine enge Kurzdefinition des Epos.

Formal ist das Epos eine Erzählung in Hexametern. Diese zeichnet sich neben dem Metrum durch eine formelhafte Sprache sowie durch einen anspruchsvollen literarischen Stil aus. Sprachlich sind besonders Klarheit, Schönheit und Würde der Ausdrucksform wesentlich. Typische Form-Elemente sind zudem ein Vorwort (oft mit einer Anrede an die Musen, dem sogenannten »Musenanruf«), Kataloge, die »Ekphrasis« (Gegenstands- oder Ortsbeschreibung), Gleichnisse und die Verwendung eines »Epitheton« zur Bezeichnung u. a. von Personen (meist ein formelhaft verwendetes Adjektiv). Auffallend ist auch der häufige Einsatz der direkten Rede.

Inhaltlich behandelt das Epos prinzipiell stets Gegenstände von hoher Bedeutung. So widmet es sich in der Regel Themen von menschlich universellem Charakter oder auch von öffentlich-politischem, nationalem oder internationalem Anspruch – alles Individuelle, Private oder Alltägliche wird vermieden. Dementsprechend entstammen die Motive und Charaktere des Epos dem Bereich der gesellschaftlichen Oberschicht oder dem Kreis der Heldensagen. Tugenden, Sitten und Umfangsformen der Figuren zeichnen sich durch Kultiviertheit aus – bei gleichzeitiger Sanktionierung von »heroischer« Heftigkeit und Ungezügeltheit (vgl. das Motiv des »heiligen Zorns«).

Die Darstellung von Göttern und Naturphänomenen, von Menschen und Tieren sowie von Gegenständen oder Ereignissen folgt dabei grundlegend logischen Prinzipien und ist der Rationalität verpflichtet. Dabei wird stets eine umfassende Darstellung des Themas (Totalität) angestrebt.

Ursprünglich ist die Struktur des Epos von einer organischen Einheit des Handlungsaufbaus bzw. der Sachdarstellung geprägt. Allerdings wird diese in der Antike durchgängig nur im historisch-erzählenden Epos berücksichtigt, während die nicht-erzählenden Epen die feste Struktureinheit schon früh lockerten (z. B. Lehrgedichte, s. die Liste auf der nächsten Seite).

Neben dem ursprünglichen narrativen (erzählenden) Epos, wie es in den epischen Prototypen der griechischen *Ilias* und *Odyssee* von Homer (8. Jahrhundert v. Chr.) zu finden war, bildeten sich in der Antike weitere Epos-Typen heraus: das deskriptive (beschreibende) Sach-Epos, das philosophische Epos, das die Götter preisende religiös-kultische Epos und das didaktische (belehrende) Epos (auch »Lehrgedicht« genannt). Aus der sehr umfangreichen epischen Literatur der Antike sind nur wenige Werke komplett erhalten. Viele Epen sind nur fragmentarisch überliefert, teils existieren sogar nur einzelne Zitate oder Erwähnungen verlorener Epen.

Bearbeiten Sie eine der folgenden Aufgaben:
1. Erstellen Sie eine Mindmap zum Thema »Epos« mit den wichtigsten Informationen aus dem Text.
2. Bereiten Sie einen »3-Minute-Talk« vor, indem Sie die wichtigsten Informationen aus dem Text in Ihren eigenen Worten zusammenfassen. Halten Sie Ihren Kurzvortrag vor dem Kurs.

Tipp: Sie können Ihren »3-Minute-Talk« auch filmen und nach der Präsentation im Kurs im Internet bei Youtube einstellen.

Überblick der bedeutendsten Epen bis zur Zeit Ovids

Das griechische Epos der archaischen Zeit
- Helden-Epos
  - Homer, *Ilias* (über den Trojanischen Krieg); *Odyssee* (über die Irrfahrten des Odysseus)
- Sach-Epos
  - Hesiod, *Werke und Tage* (Verherrlichung der Arbeit als Hauptaufgabe der Menschen); *Theogonie* (über die Entstehung der Götter und des Kosmos)

Das griechische Epos der hellenistischen Zeit
- Helden-Epos
  - Apollonios von Rhodos, *Argonautika* (Sage über die Abenteuer der Argonauten)
- Religiös-kultisches Epos
  - Kallimachos, *Hymnen*
- Sach-Epos
  - Kallimachos, *Aitia* (Ursprungsgeschichten zu Festen, Bräuchen, Stiftungen, Namen usw.);
  - Aratos von Soloi, *Phainomena* (Lehrgedicht über Himmelserscheinungen);
  - Nikandros von Kolophon, *Heteroiumena* (Kollektivgedicht mit einer Reihe unterschiedlicher Verwandlungsgeschichten); *Theriaka* (Lehrgedicht über Mittel gegen giftige Tierbisse)
- Mythologisch-idyllisches Klein-Epos (»Epyllion«)
  - Kallimachos, *Hekale* (Episode aus der Theseus-Geschichte);
  - Theokrit, *Eidyllia* (30 Gedichte verschiedenen Charakters z. B. über Hirten, Alltagsleben und Mythologie)

Das lateinische Epos der republikanischen Zeit
- Helden-Epos
  - Livius Andronicus, *Odusia* (Übersetzung von Homers *Odyssee* [im Saturnier-Versmaß])
- Sach-Epos
  - Lukrez, *De rerum natura* (naturphilosophisch-physikalisches Lehrgedicht über das Wesen der Welt);
  - Naevius, *Bellum Punicum* (Lehrgedicht über den 1. Punischen Krieg);
  - Ennius, *Annales* (universelles Lehrgedicht über die römische Geschichte);
  - Aemilius Macer, *Ornithogonia* (Übersetzung eines Epos' des Dichters Boios über die Verwandlung mythischer Figuren in Vögel)
- Mythologisches Klein-Epos (»Epyllion«)
  - Catull, *carmen 64* (über die Hochzeit von Peleus und Thetis sowie über das Schicksal von Ariadne und Theseus)

Das lateinische Epos der augusteischen Kaiserzeit
- Helden-Epos
  - Vergil, *Aeneis* (»Nationalepos« über den Stammvater Aeneas und die Gründung Roms)
- Sach-Epos
  - Vergil, *Georgica* (Lehrgedicht über die Landwirtschaft)

Die *Metamorphosen* – eine inhaltliche Einstimmung E4

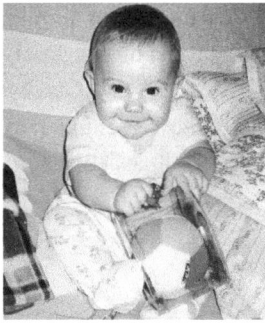

Think – Pair – Share

1. Definieren Sie gemeinsam den Begriff »Metamorphose«.
2. *Think:* Wählen Sie aus den Bildern auf dieser Seite zwei Erscheinungsformen zum Thema »Wandel«, die Sie in Ihrer Lebenswelt für besonders wichtig oder interessant halten.

   Notieren Sie in Stichworten, um welche Formen von Wandel es sich genau handelt (was dabei bleibt, was sich verändert) und weshalb Sie diese Wandlungsform für relevant halten.
3. *Pair:* Vergleichen Sie Ihre Bilderwahl und Ihre Notizen mit einem Partner. Entscheiden Sie anschließend, inwiefern die von Ihnen gewählten Bilder einen Wandel thematisieren, den wir Menschen selbst steuern oder beeinflussen können.
4. *Share:* Diskutieren Sie die Relevanz des Themas Wandel und Verwandlung in Ihrer Lebenswelt sowie für unsere Gesellschaft allgemein. Ergänzen Sie dabei weitere Formen des Wandels, die in den Bildern nicht vorkommen.
5. *Extra:* Übersetzen Sie folgende Überschriften und diskutieren Sie ihre Relevanz in Bezug auf die hier abgedruckten Illustrationen. Entscheiden Sie anschließend, welcher Spruch Ihrer Meinung nach besser zu dieser Themenseite passt (oder formulieren Sie ggf. eine Alternativ-Überschrift):

VARIATIO DELECTAT   TEMPORA MUTANTUR (NOS ET MUTAMUR IN ILLIS).

Die *Metamorphosen* – Überblick über den Inhalt E5

Think – Pair – Share

1. *Think*: Stellen Sie eine Liste aller Ihnen bereits bekannten Erzählungen aus den *Metamorphosen* zusammen und gliedern Sie diese soweit wie möglich nach Themengruppen. Erläutern Sie, inwiefern sich in diesem Überblick bereits eine Ringkomposition des Werks erkennen lässt.
2. *Pair*: Vergleichen Sie Ihre Ergebnisse mit einem Partner und ergänzen Sie Ihre Ergebnisse gegenseitig.
3. *Share*: Vergleichen Sie Ihre Ergebnisse im Kurs und tragen Sie diese in einer Übersicht zusammen.
4. *Pair-Diamond*: Schließen Sie sich mit Ihrem Partner aus Aufgabe 2 und einem weiteren »Pair« zu einem »Pair-Diamond« zusammen. Wählen Sie in diesem Team eine der Erzählungen zur kreativen Umsetzung als Projektarbeit aus (Anleitung: s. S. 15).

LIBER I	LIBER II	LIBER III
Proömium	Phaethon II	Cadmus
Entstehung der Welt und des Menschen	Iuppiter und Callisto	Actaeon
Die 4 Weltalter	Apoll und Coronis I	Iuppiter und Semele
Die Giganten	Die Krähe – Nyctimene	Tiresias
Die Götterversammlung I	Apoll und Coronis II	Narcissus und Echo
Lycaon	Ocyroe	Pentheus I
Die Götterversammlung II	Battus	Die tyrrhenischen Schiffer
Die Sintflut	Aglauros, Mercur und Herse	Pentheus II
Deucalion und Pyrrha	Iuppiter und Europa	
Die Urzeugung		
Apoll tötet Python		
Apoll und Daphne		
Iuppiter und Io I		
Pan und Syrinx		
Iuppiter und Io II		
Phaethon I		

LIBER IV	LIBER VI	LIBER V
Die Minyastöchter I	Arachne	Perseus gegen Phineus
Pyramus und Thisbe	Niobe	Spätere Taten des Perseus
Mars und Venus – Leucothoe – Clytie	Die lycischen Bauern	Pegasus
Salmacis und Hermaphroditus	Marsyas	Pyreneus
Die Minyastöchter II	Pelops	Die Pieriden I
Ino und Melicertes	Tereus, Procne und Philomela	Götterverwandlungen
Inos Gefährtinnen	Boreas und Orithyia	Ceres und Proserpina
Cadmus und Harmonia		Arethusa
Perseus und Atlas		Triptolemus
Perseus und Andromeda		Die Pieriden II
Die Meduse		

LIBER VII
Iason und Medea
Aeson – Die Ammen des Bacchus
Pelias
Medeas Flug über Griechenland
Medeas Kindermord und ihr Anschlag auf Theseus
Minos und Cephalus auf Aegina
Die Pest auf Aegina
Cephalus auf Aegina I
Cephalus und Procris
Der teumessische Fuchs
Procris' Tod
Cephalus auf Aegina II

LIBER VIII
Cephalus auf Aegina III
Scylla, die Tochter des Nisus
Das Labyrinth – Ariadne
Daedalus und Ikarus
Perdix
Die calydonische Eberjagd
Meleagers Tod
Meleagers Schwestern
Theseus bei Achelous I
Die Echinaden – Perimele
Philemon und Baucis
Erysichthon und seine Tochter

LIBER IX
Theseus bei Achelous II
Achelous und Hercules
Theseus bei Achelous III
Nessus
Hercules' Tod
Galanthis
Dryope
Verjüngungen
Byblis
Iphis

LIBER X
Orpheus und Euridice
Katalog der Bäume – Cyparissus
Gesang des Orpheus:
Proömium
Ganymed
Hyacinthus
Die Cerasten – Die Propoetiden
Pygmalion
Myrrha
Adonis I
Hippomenes und Atalanta
Adonis II

LIBER XI
Der Tod des Orpheus
Midas
Phoebus und Pan
Laomedon
Peleus und Thetis
Daedalion und Chione
Der Wolf und die Rinder des Peleus
Ceyx und Alcyone
Aesacus

LIBER XII
Die Griechen in Aulis
Fama
Cygnus
Caeneus I
Der Kampf der Centauren und Lapithen
Caeneus II
Perclymenus
Achills Tod

LIBER XIII
Streit um Achills Waffen – Aiax' Tod
Hecuba und ihre Kinder
Memnon
Aeneas verlässt Troia
Die Töchter des Anius
Der Mischkrug mit der Darstellung der Coronen
Aeneas fährt nach Sizilien
Scylla I
Galatea
Scylla II: Glaucus

LIBER XIV
Scylla III: Glaucus und Circe
Aeneas fährt nach Italien weiter
Die Cecropen
Aeneas bei der Sibylle
Achaemenides
Ulixes' Abenteuer
Picus
Canens
Aeneas kommt nach Latium
Die Gefährten des Diomedes
Der wilde Ölbaum
Die Schiffe des Aeneas
Ardea
Apotheose des Aeneas
Die Latinerkönige
Vertumnus und Pomona I
Iphis und Anaxarete
Vertumnus und Pomona II
Apotheose des Romulus und der Hersilia

LIBER XV
Myscelos
Pythagoras
Hippolytus
Tages – Die Lanze des Romulus – Cipus
Aesculap in Rom
Caesar und Augustus
Epilog

Die *Metamorphosen* – Projektarbeit

Ziel der Projektarbeit

In der Projektarbeit geht es darum, selbstständig einen Mythos aus den *Metamorphosen* zu erarbeiten und ihn anschließend dem Kurs zu präsentieren. Grundlage der Projektarbeit ist daher zu allererst der lateinische Text.

1. Textgrundlage

   Recherchieren Sie (z. B. im Internet) den lateinischen Text Ihrer Erzählung und übersetzen Sie ihn.

2. Deutung

   Interpretieren und erörtern Sie, welche Art von Verwandlung in »Ihrer« Metamorphose thematisiert wird und was diese dem heutigen Leser möglicherweise vermitteln kann.

3. Vorbereitung der Präsentation

   Überlegen Sie, wie Sie Ihre Metamorphose in einer ca. 15-minütigen Präsentation dem Kurs vorstellen wollen. Hier sind ein paar Ideen, aus denen Sie auswählen können:

   – Vorstellung der Metamorphose per gezeichnetem Cartoon oder Fotoroman auf Großposter oder per Kopien, wobei Sie den lateinischen Text (original oder adaptiert) in Sprechblasen oder Mini-Begleittexten integrieren; Sie können dann ggf. den Kurs die Texte ganz oder teilweise selbst übersetzen lassen; anschließend Interpretationsgespräch im Kurs zum Gegenwartsbezug;

   – szenische Darstellung der Metamorphose als Sketch, Videoclip oder Hörspiel (am besten teilweise oder komplett auf Lateinisch!); anschließend Interpretationsgespräch im Kurs zum Gegenwartsbezug;

   – moderne szenische Interpretation der Metamorphose als deutsch- oder englischsprachiger Sketch (alternativ Videoclip oder Hörspiel) unter Einflechtung/Einblendung lateinischer Zitate aus dem Originaltext; anschließend Interpretationsgespräch im Kurs zum Gegenwartsbezug;

   – musikalische Adaptation der Metamorphose mit lateinischen oder lateinisch-deutschen bzw. lateinisch-englischen Lyrics (z. B. als Rap); anschließend Interpretationsgespräch im Kurs zum Gegenwartsbezug.

4. Präsentieren Sie Ihre Ergebnisse dem Kurs. Denken Sie daran, den lateinischen Text in Ihre Präsentation zu integrieren.

Tipp: Achten Sie darauf, dass während der Präsentation jedes Gruppenmitglied aktiv mitarbeitet und dabei sein Beitrag zu dem Projekt deutlich wird.

Proömium: Dichter und Dichtung im Wandel (met. 1,1–4)　　T1

In nova fert animus¹ mutatas dicere² formas³

corpora⁴; di⁵, coeptis⁶ (nam vos mutastis⁷ et⁸ illas)

adspirate⁹ meis primaque ab origine mundi

ad mea perpetuum¹⁰ deducite¹¹ tempora carmen!

1 **fert animus** (*ergänze* mē): mein Seelengeist/Wille treibt mich
2 **dīcere:** *hier:* dichterisch umsetzen
3 **mūtātae fōrmae:** *lat. Übersetzung des griechischen Wortes* metamorphóseis, *zugleich Titel des Werks*
4 **corpus,** oris *n.:* Körper; Schiffsrumpf
5 **dī:** *Vokativ Pl. zu* deus
6 **coepta,** ōrum *n. (dicht. Pl.):* Beginnen
7 **mūtāstis** = mūtāvistis
8 **et:** *hier:* ja auch
9 **adspīrāre:** Atem geben; günstige Winde schicken
10 **perpetuus,** a, um: ununterbrochen, fortlaufend
11 **dēdūcere:** herab-, ans Ziel führen; (ein Schiff) auslaufen lassen; (stilistisch) fein spinnen

Proömium: Dichter und Dichtung im Wandel (met. 1,1–4)　　A1

1. Übersetzen Sie den Text ins Deutsche.
2. Stellen Sie eine Vokabel-Mindmap zum Sachfeld »Wandel« zusammen und ergänzen Sie diese im Laufe der Lektüre.
3. Beschreiben Sie, welches schriftstellerische Programm Ovid hier für die *Metamorphosen* entwirft.
4. Erklären Sie, wie Ovid den Inhalt der Vorrede metrisch und stilistisch verdeutlicht.
5. Untersuchen Sie die Funktion der Götter in der Vorrede der *Metamorphosen*.
6. Geben Sie mithilfe des Infotextes »Neoteriker« auf Seite 17 die Hauptmerkmale des neoterischen Stilideals in einem »1-Minute-Talk« wieder.
7. Beurteilen Sie auf dieser Grundlage, inwiefern das *Metamorphosen*-Proömium das zeitgenössische Publikum auf das Werk neugierig machen und zum Weiterlesen animieren konnte.
8. Untersuchen Sie die Erzählperspektive im Proömium anhand der Vorlage auf S. 18.

Proömium: Dichter und Dichtung im Wandel   M1

Neoteriker

Der Begriff »neoteroi« oder »Neoteriker« entstammt dem Griechischen und bedeutet »die Neueren« bzw. »Jüngeren«. Bei Cicero finden sich die Neoteriker auch als »poetae novi« benannt. Dieser literarische Kreis der »neuen Dichter« bezeichnete die Lebens- und Dichtungsgemeinschaft um den Grammatiker P. Valerius Cato und bildete sich in Rom Mitte des 1. Jahrhunderts v. Chr. heraus. Grundsätzlich lehnte sie den politischen Einsatz für den Staat *(vita activa)* ab und verherrlichte Freundschaft, Liebe und Sorglosigkeit *(vita otiosa)*, was sich auch in ihrer durch Witz und gelehrtes Spiel gekennzeichneten Dichtung äußert. Ihr höchstes Streben war es, als gelehrter Dichter *(poeta doctus)* anerkannt zu werden.

Literaturgeschichtlich prägen die Neoteriker ein innovatives Stilideal, das sich vom traditionellen historischen Epos abgrenzte und die hellenistischen Klassiker zum Vorbild nahm, vor allem die griechischen Dichter Kallimachos und Euphorion. Die literarische Produktion konzentrierte sich dementsprechend auf Sammlungen von Kleingedichten und auf mythische Epyllien (Epyllion = Miniatur-Epos von etwa 400–500 Versen), die sich nicht mit nationalen Stoffen (wie für das Epos bezeichnend), sondern in erster Linie mit emotionalen und persönlichen Themen wie Liebe und Freundschaft, weniger mit Politik beschäftigten. Ferner gab es auch mythologische Epyllien, die ein Interesse an Metamorphosen zeigten. Die vorherrschenden Versmaße bestanden aus einer Mischung von traditionellen lyrischen Maßen (Hendekasyllabus) und Distichen (Hexameter und Pentameter).

Das Epyllion wuchs sich allerdings rasch zu einem überkünstelten Gebilde aus und verlor bald allgemein an Bedeutung. Die neoterischen Gedichtsammlungen hingegen beeinflussten nachhaltig die lateinische Epigrammatik und Elegie und wirkten auch generell in ihrem subtilen dichterischen Anspruch auf die römische Dichtung nach (vgl. Martial, Horaz).

Heute sind nur wenige Werke der Neoteriker erhalten, meist sogar nur einzelne Gedichte oder Gedichtbruchstücke, sogenannte Fragmente. Am umfangreichsten ist das Werk des Dichters Catull (ca. 84–54 v. Chr.) überliefert.

Erzählperspektive   M1

Ovid war sowohl ein Querdenker als auch ein psychologisch feinsinniger Beobachter. Wie spiegelt sich seine Persönlichkeit sowie sein großes Vorhaben, mit dem *carmen perpetuum* der *Metamorphosen* etwas Neues zu schaffen, in seiner Erzählperspektive wider?

	Proömium	Weltalter	Lycaon	Apoll u. Daphne	Narcissus	Lycische Bauern	Daedalus u. Ikarus	Epilog
Er-Erzähler								
objektiv								
referierend-sachlich, tritt nicht als Person in Erscheinung								
unbeteiligt, steht außerhalb der Ereignisse, von den Figuren getrennt								
entweder allwissende *oder* beschränkte Perspektive								
Ich-Erzähler								
stellt die Ereignisse als »selbst erlebt« dar, ist Teil der Geschehnisse								
Verzicht auf Allwissenheit zugunsten einer beschränkten Perspektive								
starke Unmittelbarkeit								
subjektiv, gibt Wertungen und Meinungen ab								
Betonung des inneren Erlebens								
teils innere Monologe								
führt Leser nah an die Geschehnisse heran								
Auktorialer Erzähler								
gehört selbst nicht zur Erzählung								
kennt Gedanken- und Gefühlswelt seiner Figuren								
greift in die Erzählstruktur ein (z.B. neue Fokussierung, Chronologie)								
über Zeit und Raum erhaben, fügt Vorausdeutungen/Vorgeschichten ein								
sucht das Gespräch mit dem Leser								
versucht den Leser zu beeinflussen (z.B. Wertungen/Kommentare)								
Tendenz zum humoristischen Erzählen								
reflektiert über sein Erzählen								
nicht objektiv-unmittelbar, hat eigene Perspektive								

1. Arbeiten Sie mithilfe dieser Übersicht jeweils nach der Lektüre eines Abschnitts heraus, welche Erzählperspektiven in den gelesenen Versen zu finden sind.
2. Diskutieren Sie am Schluss der Lektüre anhand der Übersicht, welche Erzählperspektive(n) Ovid vorrangig einnimmt. Die Kriterien für einen Erzähltypus müssen nicht in allen Einzelheiten erfüllt sein, um die Zuordnung zu rechtfertigen; eine Häufung der Aspekte reicht.
3. Erläutern Sie die Intention der Perspektivenwahl in Bezug auf die Leserwirkung der *Metamorphosen*.

Antike Evolution: Die vier Weltalter (met. 1, 89–150)   A2

Nach dem Proömium setzt Ovid seine Dichtung mit der Entstehung der Welt und des Menschen fort. Anschließend beschreibt er den Wandel der Welt in der Abfolge von vier Zeit- bzw. Weltaltern.

1. a) Bilden Sie fünf Gruppen und übersetzen Sie arbeitsteilig in Ihrer Gruppe je einen der fünf Textabschnitte ins Deutsche.
   b) Erstellen Sie eine Text-Bild-Collage zu Ihrem Textabschnitt und präsentieren Sie Ihre Ergebnisse anschließend vor dem Kurs unter Bezug auf Ihre Collage.
2. Beschreiben Sie, welche »Weltsicht« Ovid durch den Wandel der vier Phasen entwirft, und interpretieren Sie die mögliche intendierte Wirkung dieser Weltsicht auf Ovids augusteischen Leserkreis.
3. Erörtern Sie, welche Bedeutung Schöpfungsmythen und Vorstellungen vom zyklischen Weltwandel für die Selbst- und Fremdwahrnehmung einer Nation oder Religion haben könnten.
4. »Früher war alles besser?« Charakterisieren Sie die Zeit, in der wir heute leben, und beurteilen Sie, ob wir in einem goldenen, silbernen, etc. (oder in einem davon verschiedenen, ganz eigenen) Weltalter leben.
5. Verfassen Sie einen kurzen Lexikonartikel zu jedem Weltalter. Ergänzen Sie selbstständig im Laufe der Lektüre weitere Artikel (oder Hypertexte) zu Personen, Themen und weiteren Stichpunkten, die in den *Metamorphosen* vorkommen (bzw. bislang auch schon vorkamen) und die für ihre Interpretation von Bedeutung sind. Führen Sie diese am Schluss der Lektüre zu einem »*Metamorphosen*-Wiki« zusammen.
6. Ergänzen Sie Ihre Vokabel-Mindmap zum Proömium über das Sachfeld »Wandel« mit Wörtern aus der Weltalter-Episode.
7. Untersuchen Sie die Erzählperspektive der Episode von den vier Weltaltern anhand der Vorlage auf S. 18.

Das Goldene Weltalter I (met. 1, 89-100) T2

Aurea prima sata¹ est aetas, quae vindice² nullo,

90 sponte sua, sine lege fidem rectumque colebat.

Poena metusque aberant, nec verba minantia³ fixo

aere⁴ legebantur, nec supplex turba timebat

iudicis ora⁵ sui, sed erant sine vindice² tuti.

Nondum caesa suis, peregrinum⁶ ut viseret orbem,

95 montibus in liquidas pinus⁷ descenderat undas,

nullaque mortales praeter sua litora norant⁸;

nondum praecipites cingebant oppida fossae⁹;

non tuba derecti¹⁰, non aeris cornua flexi,

non galeae¹¹, non ensis¹² erat: sine militis usu

100 mollia securae¹³ peragebant otia¹⁴ gentes.

---

1 **serere**, sēvī, satum: säen; *hier im Passiv* serī: entstehen
2 **vindex**, icis *m./f.*: Richter, Rächer
3 **minārī**: drohen
4 **fixō aere**: *frei*: auf der Gesetzestafel (*wörtlich*: »nachdem Erz befestigt worden war«, d. h. nachdem wie in Rom üblich bronzene Gesetzestafeln öffentlich an einer Wand ausgehängt worden waren)
5 **ōra**: *dicht. Pl.*
6 **peregrīnus**, a, um: fremdländisch, fern
7 **pīnus**, ī (*und* ūs) *f.*: Fichte
8 **nōrant** = nōverant
9 **fossa**, ae *f.*: Graben
10 **tuba (aeris) dērēctī** (*Gen. qual.*): Trompete aus ungebogenem Erz
11 **galea**, ae *f.*: Helm
12 **ēnsis**, is *m.*: Schwert
13 **sēcūrus**, a, um: sorglos
14 **mollia ōtia peragere** (*dicht. Pl.*): eine angenehme Zeit des Friedens verleben

Das Goldene Weltalter II (met. 1, 101–112)

Ipsa quoque inmunis[1] rastroque[2] intacta[3] nec ullis

saucia vomeribus[4] per se dabat omnia tellus[5],

contentique cibis nullo cogente creatis[6]

arbuteos fetus montanaque fraga[7] legebant

105 cornaque[8] et in duris haerentia mora[9] rubetis[10]

et quae deciderant patula[12] Iovis arbore[13] glandes[14].

Ver[15] erat aeternum, placidique tepentibus[16] auris

mulcebant[17] zephyri[18] natos sine semine flores[19];

mox etiam fruges[20] tellus inarata[21] ferebat,

110 nec renovatus ager gravidis canebat aristis[22];

flumina iam lactis[23], iam flumina nectaris ibant,

flavaque de viridi stillabant ilice mella[24].

---

1 inmūnis = immūnis, e: ohne Verpflichtung
2 rāstrum, ī *n.*: Hacke
3 intāctus, a, um: unberührt
4 saucius (a, um) **vōmeribus**: von Pflugscharen aufgerissen
5 tellūs, ūris *f. (dicht.):* Erde
6 creāre: erschaffen, *hier im Passiv* creārī: wachsen
7 **arbuteī fētūs** *(m.)* **montānaque frāga** *(n.):* Strauch- und Bergerdbeeren
8 cornum, ī *n.:* Kornelkirsche
9 mōrum, ī *n.:* Brombeere, Maulbeere
10 rubētum, ī *n.:* Brombeerstrauch
11 dēcidere: dēcidī: herunter-, abfallen
12 patulus, a, um: weit ausladend
13 Iovis arbor *(= die dem Iuppiter heilige Eiche)*
14 glāns, glandis *f.:* Eichel
15 vēr, vēris *n.:* Frühling
16 tepēre: warm sein
17 mulcēre: streicheln
18 zephyrus, ī *m.:* Westwind
19 **nātōs sine sēmine flōrēs** (flōs, flōris *m.*): Blumen, die ungesät gewachsen waren
20 frūgēs, um *f.:* Feldfrüchte
21 inarātus, a, um: ungepflügt
22 **gravidīs aristīs cānēre**: mit schwer beladenen Ähren strahlen
23 lac, lactis *n.:* Milch
24 **flāvaque viridī stīllābant īlice mella**: und goldgelber Honig (mel, mellis *n.; dicht. Pl.*) tropfte von der grünen Steineiche (īlex, īlicis *f.*)

Das Silberne Weltalter (met. 1, 113-124)

Postquam[1] Saturno[2] tenebrosa[3] in Tartara[4] misso

sub Iove[5] mundus[6] erat, subiit argentea[7] proles[8],

115 auro deterior[9], fulvo[10] pretiosior[11] aere.

Iuppiter antiqui contraxit[12] tempora veris[13]

perque hiemes aestusque et inaequalis autumnos[14]

et breve ver spatiis exegit quattuor annum.

Tum primum siccis aer fervoribus ustus[15]

120 canduit[16], et ventis glacies adstricta[17] pependit[18];

tum primum subiere[19] domos; domus antra[20] fuerunt

et densi frutices et vinctae cortice virgae[21].

Semina tum primum longis Cerealia[22] sulcis

obruta sunt[23], pressique iugo gemuere[24] iuvenci[25].

---

1 **postquam:** *mit Perf.:* nachdem; *mit Imperf.:* seitdem

2 **Sāturnus, ī** *m.:* Saturn *(Weltherrscher im goldenen Weltalter; Vater Iuppiters)*

3 **tenebrōsus, a, um:** *Adj. zu* tenebrae

4 **Tartara, ōrum** *n.:* Tartarus, Unterwelt

5 **Iove:** *Ablativ zu* Iuppiter

6 **mundus, ī** *m.:* Welt

7 **argenteus, a, um:** *Adj. zu* argentum

8 **prōlēs, is** *f.:* Nachkommenschaft

9 **dēterior, ōris** *(m. Abl. comp.):* minderwertiger (als)

10 **fulvus, a, um:** rotgelb, braungelb; bronzen

11 **pretiōsior, ōris:** *Adj. zu* pretium

12 **contrahere, trāxī, tractum:** zusammenziehen, verkürzen

13 **vēr, vēris** *n.:* Frühling

14 **inaequālēs autumnī** *(m.):* ungleichmäßige Herbste

15 **siccīs ... fervōribus ustus** (ūrere, ussī, ustum: brennen): von trockenen Gluten verbrannt

16 **candēscere, canduī:** erglühen, flimmern

17 **glaciēs (glaciēī** *f.)* **adstricta:** gefrorenes Eis, Eiszapfen, Hagel

18 **pendēre, pependī:** hängen

19 **subiēre** = subiērunt; subīre, subiī, subitum: *hier:* betreten

20 **antrum, ī** *n.:* Höhle

21 **dēnsī fruticēs et vinctae cortice virgae:** dichte Büsche und mit Rinde umkleidete Zweige

22 **sēmen Cereāle, sēminis Cereālis** *n.:* Getreidesamen (*eigtl.:* »zur Getreidegöttin Ceres gehöriger Samen«)

23 **longīs sulcīs obruere** (obruī, obrutum): in langen Furchen eingraben

24 **gemuēre** = gemuērunt; gemere, gemuī, gemitum: stöhnen, ächzen

25 **iuvencus, ī** *m.:* Rind

Das Bronzene Weltalter und das Eiserne Weltalter I (met. 1, 125-136)

125 Tertia[1] post illam successit aenea proles[2],

saevior ingeniis et ad horrida[3] promptior[4] arma,

non scelerata tamen; de duro est ultima ferro.

Protinus inrupit[5] venae peioris[6] in aevum[7]

omne nefas[8]: fugere[9] pudor verumque[10] fidesque;

130 in quorum subiere[11] locum fraudesque[12] dolusque

insidiaeque et vis et amor sceleratus habendi[13].

Vela dabant ventis[14] nec adhuc bene noverat illos

navita[15], quaeque[16] prius steterant in montibus altis,

fluctibus ignotis insultavere[17] carinae[18],

135 communemque[19] prius ceu[20] lumina solis et auras

cautus humum longo signavit limite mensor[21].

1 **tertia:** *Prädikativum*

2 **aēnea prōlēs** (is *f.*): das bronzene Geschlecht

3 **horridus, a, um:** schrecklich

4 **prōmptus, a, um:** bereit, geneigt

5 **inrūpit** = irrūpit; irrumpere, irrūpī, irruptum: einbrechen

6 **vēna pēior** (*f.*): schlechtere Ader *(wörtlich und übertragen)*

7 **aevum, ī** *n.*: Zeitalter

8 **nefās** *n. (nur Nom./Akk. Sg.):* Unrecht

9 **fūgēre** = fūgērunt

10 **vērum:** *substantiviert*

11 **subiēre** = subiērunt; subīre, subiī, subitum: *hier:* treten

12 **fraus, fraudis** *f.*: Betrug *(hier dicht. Pl.)*

13 **amor habendī:** Liebe zu Besitztum

14 **vēla dare ventīs:** zur See fahren *(eigtl. »den Winden Segel geben«)*

15 **nāvita, ae** *m. (dicht.):* Seemann

16 **quaeque** = et quae (*Bezugswort:* carīnae)

17 **īnsultāvēre** = īnsultāvērunt; īnsultāre (*m. Dat.*): herumspringen (auf), tanzen (auf)

18 **carīna, ae** *f.*: Kiel; Schiff

19 **commūnem:** *Bezugswort:* humum *(gemeint ist hier der früher wie bei Licht und Luft gemeinsame Besitz des Bodens)*

20 **ceu:** wie

21 **longō sīgnāvit līmite mēnsor:** der Landvermesser kennzeichnete mit langer Grenzlinie

Das Eiserne Weltalter II (met. 1, 137-150) T2

Nec tantum segetes[1] alimentaque[2] debita dives

poscebatur[3] humus, sed itum est in viscera[4] terrae,

quasque[5] recondiderat[6] Stygiisque[7] admoverat umbris,

140 effodiuntur[8] opes, inritamenta[9] malorum[10].

Iamque nocens[11] ferrum ferroque[12] nocentius aurum

prodierat[13], prodit bellum, quod pugnat utroque,

sanguineaque[14] manu crepitantia concutit arma[15].

Vivitur ex rapto[16]: non hospes ab hospite tutus,

145 non socer[17] a genero[18], fratrum quoque gratia rara est;

inminet[19] exitio[20] vir coniugis, illa mariti,

lurida terribiles miscent aconita novercae[21],

filius ante diem patrios inquirit in annos[22]:

victa iacet pietas[23], et virgo caede madentis[24]

150 ultima caelestum[25] terras Astraea[26] reliquit.

---

1 **seges**, segetis *f.*: Saat(feld)

2 **alimentum**, ī *n.*: Nahrungsmittel

3 **poscere** *(m. dopp. Akk.)*: etw. von jdm. fordern *(hier im Passiv → m. dopp. Nom.)*

4 **vīscera**, um *n. Pl.*: Eingeweide, das Innerste

5 **quāsque** = et quās *(Bezug:* opēs*)*

6 **recondere**, didī, ditum: verstecken *(erg. als Subjekt:* terra; *ebenso zu* admōverat*)*

7 **Stygius**, a, um: stygisch, unterweltlich *(→ Unterweltfluss* Styx*)*

8 **effodere**, fodiō, fōdī, fossum: ausgraben

9 **inrītāmentum**, ī *n.*: Anreiz

10 **malōrum**: *hier: Gen. obiectivus*

11 **nocēns**, entis: schädlich

12 **ferrō**: *hier: Abl. comparationis*

13 **prōdīre**, eō, iī, itum: hervorkommen, auftreten

14 **sanguineus**, a, um: *Adjektiv zu* sanguis

15 **crepitantia concutit arma**: schlug klirrende Waffen aneinander

16 **raptum**, ī *n.: substant. Partizip*

17 **socer**, ī *m.*: Schwiegervater

18 **gener**, ī *m.*: Schwiegersohn *(hier evtl. Anspielung auf Pompeius und seinen Schwiegervater Caesar, die sich im Bürgerkrieg 48–46 v. Chr. feindlich gegenüberstanden)*

19 **inminēre** = imminēre *(m. Dat.)*: trachten (nach), lauern (auf)

20 **exitium**, ī *n.*: Tod

21 **lūrida … novercae**: schreckliche Schwiegermütter mischen tödliche Gifte

22 **ante … annōs**: voreilig nach Anhaltspunkten für die noch verbleibende Lebenszeit des Vaters forschen

23 **pietās**, ātis *f.*: Pflichtgefühl, Frömmigkeit, Liebe *(zu Gott, Eltern, Vaterland)*, Gerechtigkeit; *auch als Göttin:* Pietas

24 **madentīs** = madentēs; *(Bezug:* terrās*)*; madēre: triefen

25 **caelestum** = caelestium *(Gen. partitivus zu* ultima*)*; caelestis, e: *Adjektiv zu* caelum

26 **virgō Astraea**: »Sternenjungfrau« *(Göttin der Gerechtigkeit, galt als jungfräulich; verewigt im Sternbild »Jungfrau«)*

Lycaon: Ein antiker Werwolf? (met. 1, 209–239) A3

1. Zum Einstieg in das Thema: Charakterisieren Sie zunächst den Wolf in der Abbildung und ergänzen Sie Charakteristika, die diesem Tier in Ihnen bekannten Fabeln, Sagen und Märchen zugewiesen werden. Recherchieren Sie dazu auch den Begriff der »Lykanthropie«.
2. Übersetzen Sie den Text ins Deutsche.
3. Stellen Sie aus dem Text eine Vokabel-Mindmap zum Sachfeld »Charaktereigenschaften« zusammen und ergänzen Sie diese im Laufe der Lektüre.
4. Beschreiben Sie die Metamorphose des Lycaon und erklären Sie, wie Ovid sie metrisch und stilistisch gestaltet.
5. Erklären Sie unter Bezug auf Aufgabe 1 und den Text *Der Wolf in der antiken Literatur* (s. M3 auf S. 29) die psychologischen Hintergründe dafür, weshalb Lycaon die Gestalt eines wilden Tieres, spezifisch eines Wolfs annimmt.
6. Ergänzen Sie Ihre Vokabel-Mindmaps sowie Ihr *Metamorphosen*-Wiki mit Schlagwörtern aus der Lycaon-Episode.
7. Untersuchen Sie die Erzählperspektive der Episode von Lycaon anhand der Vorlage auf S. 18.
8. Interpretieren Sie die intendierte Funktion und Leserwirkung der Lycaon-Metamorphose
    a) innerhalb des konkreten erzählerischen Rahmens (s. S. 29 Info zu »Poetische Gerechtigkeit«),
    b) im literarischen Kontext (s. S. 28 Info zu »Aitiologische Sagen/Aitiologie«),
    c) im religiösen Kontext (Stichwörter zur Recherche: *religio,* Götterverehrung, Kaiserkult; s. S. 29 Info zu *pietas*),
    d) in Bezug auf die Moralvorstellungen der augusteischen Politik (s. S. 30 Info zu »Gastfreundschaft«/*hospitium* und zu *obses*).

Lycaon: Ein antiker Werwolf? (met. 1, 209–239) — T3

Nachdem Astraea die Erde des Eisernen Zeitalters verlassen hat, brechen chaotische Zustände aus: Die Giganten versuchen den Himmel zu stürmen, und die Menschen erdreisten sich, die Götter mit grässlichen Taten auf die Probe zu stellen. Einer dieser Frevler ist Lycaon, ein wegen seiner Grausamkeit bekannter arkadischer König, über den Iuppiter zornig auf einer Götterversammlung Folgendes berichtet: …

»Ille quidem poenas (curam hanc dimittite!) solvit;

210 quod tamen admissum[1], quae sit vindicta[2], docebo.

Contigerat nostras infamia[3] temporis aures;

quam cupiens falsam summo delabor Olympo[4]

et deus[5] humana lustro[6] sub imagine terras.

Longa mora est[7], quantum noxae[8] sit ubique[9] repertum,

215 enumerare: minor fuit ipsa infamia vero[10].

Maenala[11] transieram latebris horrenda ferarum[12]

et cum Cyllene gelidi pineta Lycaei[13]:

Arcadis[14] hinc sedes et inhospita[15] tecta tyranni

ingredior, traherent[16] cum sera crepuscula[17] noctem.

220 Signa dedi venisse deum[18], vulgusque precari

coeperat: inridet primo pia vota[19] Lycaon,

mox ait: »Experiar deus hic discrimine aperto[20]

an sit mortalis[21]: nec erit dubitabile[22] verum.«

---

1 **admissum,** ī *n.*: Vergehen, Schuld
2 **vindicta,** ae *f.*: Befreiung; Strafe
3 **īnfāmia,** ae *f.*: übler Ruf; Ehrlosigkeit
4 **quam … Olympō**: mit dem Wunsch, diesen [üblen Ruf] widerlegt zu sehen, gleite ich von der Spitze des Olymps herab
5 **deus**: *prädikativ*
6 **lūstrāre**: durchwandern
7 **longa mora est … ēnumerāre**: es würde zu weit führen … aufzuzählen
8 **noxa,** ae *f.*: Schaden; Schuld (*Gen. part. zu* quantum)
9 **ubīque**: überall
10 **vērum,** ī *n.*: Wahrheit; tatsächliche Lage (*Abl. comp. zu* minor)
11 **Maenala** (ōrum *n.*) **horrenda**: das furchterregende Maenala-Gebirge (*in Arkadien*)
12 **latebrae** (ārum *f.*) **ferārum**: Behausungen wilder Tiere (latebrīs: *Abl. causae zu* horrenda)
13 **cum … Lycaeī**: die Pinienwälder des eisigen Lycaeus (*Gebirge in Arkadien*) zusammen mit dem Kyllene-Gebirge
14 **Arcas,** adis: arkadisch
15 **inhospitus,** a, um: unwirtlich, ungastlich
16 **trahere**: *hier*: aufziehen lassen (*Tempus bezogen auf historisches Präsens im Hauptsatz*)
17 **crepusculum,** ī *n.*: Dämmerung
18 **sīgna dedī vēnisse deum**: *z. B.* ein heftiges Windrauschen
19 **vōta** (vōtum, ī *n.*) **inrīdēre** (= irrīdēre): die Gebete verspotten
20 **discrīmine apertō**: durch eine eindeutige Probe
21 *lies*: an hic sit deus an mortālis
22 **dubitābilis,** e: zweifelhaft

Nocte gravem[23] somno necopina[24] perdere morte

225 comparat[25]: haec illi placet experientia[26] veri;

(…)

23 **gravem:** *lies:* mē gravem
24 **necopīnus,** a, um: unvermutet
25 **comparāre:** *hier:* versuchen
26 **experientia,** ae *f.: hier:* Erprobungsweise, Art von Versuch

Lycaon gibt sich mit diesem gröbsten Frevel am Gastrecht jedoch noch nicht zufrieden und setzt Iuppiter als nächstes Menschenfleisch von einer ihm anvertrauten Geisel vor. Hierauf schließlich rächt sich Iuppiter: Sein Blitz lässt den Palast des Lycaon einstürzen. Lycaon ergreift die Flucht.

territus ipse fugit nactusque[27] silentia[28] ruris

exululat[29] frustraque loqui conatur: ab ipso[30]

colligit os rabiem[31] solitaeque cupidine[32] caedis

235 vertitur in pecudes[33] et nunc quoque sanguine gaudet.

In villos abeunt[34] vestes, in crura[35] lacerti[36]:

fit lupus[37] et veteris servat vestigia formae;

canities[38] eadem est, eadem violentia[39] vultus,

idem oculi lucent[40], eadem feritatis[41] imago est.

27 **nancīscī,** na(n)ctus sum: erreichen
28 **silentium,** ī *n.:* Schweigen *(dicht. Pl.)*
29 **exululāre:** aufheulen
30 **ab ipsō:** von seinem Wesen selbst
31 **rabiēs,** *Akk.* em *f.:* Wut, Wildheit
32 **cupīdō,** inis *f.* = cupiditās
33 **pecus,** udis *f.:* Schaf
34 **in villōs abīre:** sich in Zotten verwandeln
35 **crūs,** crūris *n.:* Unterschenkel
36 **lacertus,** ī *m.:* Arm
37 **lupus,** ī *m.:* Wolf
38 **cānitiēs,** ēī *f.:* graue Farbe
39 **violentia,** ae *f.:* Wildheit
40 **lūcēre:** leuchten
41 **feritās,** ātis *f.:* Wildheit

Lycaon: Ein antiker Werwolf? M3

Aitiologische Sagen

Aitiologische Sagen oder auch »Aitien« (von griechisch αἴτιον, »Ursache«) dienen dazu, den Ursprung und die Entstehung verschiedener Gegenstände, Lebewesen, religiöser Rituale, Städte, Landschaften usw. zu erklären.

Die Aitiologie als »Lehre von den Ursachen« bildete in der Antike erst ab dem 3. Jahrhundert v. Chr. eine eigene literarische Gattung in Form von Dichtung in Hexametern oder Distichen. Davor fanden sich Aitien in der Regel als Exkurs in den zeitlichen Ablauf von Erzählungen eingeschoben, oft in enger Verbindung mit etymologischen Erklärungen (Etymologie = Herkunft der einzelnen Wörter). Dabei besaß die Aitiologie in archaischer und klassischer Zeit vor allem eine erzieherische Funktion im ethisch-religiösen Sinn. In der hellenistischen Dichtung (ab dem Tod Alexanders des Großen 323 v. Chr.) erhielten Aitien eine stärkere Bedeutung, wobei die erzieherische Funktion zurücktrat und nun das Interesse an Wunderlichem und das Streben nach Wissen im Vordergrund standen.

Unter den aitiologischen Sagen lassen sich folgende thematische Gruppen unterscheiden:

[1] *Natur-Aitien* erklären vor allem auffallende geografische Merkmale, wie z. B. Felsenlöcher, die auf den Einschlag einer göttlichen Waffe zurückgehen. Oder sie führen das Aussehen und Verhalten bestimmter Tiere auf den Charakter oder das Schicksal einer mythologischen Gestalt zurück, die in dieses Tier verwandelt wurde. Zu den Natur-Aitien gehören im weiteren Sinne auch die Sagen von der Entstehung der Sternbilder, in die jemand zur Strafe, zur Belohnung oder auch zur Errettung aus einer Notlage verwandelt worden ist. Eine weitere Sondergruppe besteht in den Aitien, die im umfassenderen Sinn von der Entstehung der Welt, der Menschen oder der Götter handeln.

[2] *Kult-Aitien* beschäftigen sich in erster Linie mit der Entstehung bestimmter Riten und Feste.

[3] *Kunst-Aitien* erzählen meist vom »ersten Erfinder« spezifischer zivilisatorischer, kultureller oder technischer Errungenschaften.

[4] *Namens-Aitien* führen geografische Namen z. B. von Gewässern, Bergen oder Inseln auf mythologische Gestalten zurück, die an diesen Orten z. B. bestimmte Taten vollbracht haben oder dort gestorben sind.

[5] *Orts-Aitien* sind oft im Heroenkult zu finden und stellen auf unterschiedlichste Weise Zusammenhänge zwischen einer einzelnen Kultstätte und dem dort verehrten Heroen her.

Aitiologie

Aitiologie nennt man die meist unter Hinweis auf eine mythische Vergangenheit (aitiologischer Mythos) gegebene Erklärung des αἴτιον, d. h. des Ursprungs eines die Gegenwart des Autors oder die seines Publikums betreffenden Phänomens, sei es ein Gegenstand, eine Stadt, ein Brauch oder, wie es sehr häufig vorkommt, ein religiöses Ritual.

Bis zum 3. Jahrhundert v. Chr. ist die Aitiologie keinem besonderen literarischen Genos [= Gattung] vorbehalten, sondern stellt in den verschiedenen Genera [= Gattungen] eine formale Abschweifung dar, die den zeitlichen Ablauf der Erzählung unterbricht, um einen kausalen Zusammenhang zwischen Vergangenheit und Gegenwart herzustellen (sie steht in enger Verbindung mit der Vorliebe für die Etymologie [= Herkunft der Wörter]). In archaischer und klassischer Zeit hat die Aitiologie in erster Linie eine erzieherische Funktion im ethisch-religiösen Bereich.

[Es kam] in der hellenistischen Dichtung [ab dem Tod Alexanders des Großen 323 v. Chr.] zu einem erneuerten Interesse für die Aitiologie, das von drei Tendenzen gekennzeichnet ist: Die Aitiologie nahm erstens andere Formen an und an die Stelle der ursprünglichen erzieherischen Ziele trat die Vorliebe für das Wunderliche und die Auffächerung des Wissens; auf diese Weise findet zweitens die Aitiologie aus eigenem Antrieb eine völlig neue Grundlage der eigentlichen mythischen Erzählung; drittens befreit sie sich damit aus ihrer vorhergehend limitierten Rolle als eine Aussageform innerhalb verschiedener Arten literarischer Werke und wird ein eigenes, in Hexametern oder Distichen abgefasstes literarisches Genos.

Der neue Pauly – Enzyklopädie der Antike, hg. von Hubert Cancik und Helmuth Schneider, Stuttgart/Weimar: Metzler, 1996, Bd. 1, Sp. 369, s. v. Aitiologie; Fassung gekürzt

Lycaon: Ein antiker Werwolf? M3

Der Wolf in der antiken Literatur

In der Antike gab es im Mittelmeerraum Wölfe in freier Wildbahn, sodass sie wohl den meisten Menschen aus eigener Anschauung bekannt waren.

Das gefürchtete Raubtier wird in der antiken Literatur physiologisch recht genau beschrieben (Homer, Aristoteles, Ovid), wobei sein Fell nicht nur als grau, sondern auch als »feurig« oder gelblich bezeichnet wird. Aristoteles betont, dass der Wolf von rohem Fleisch lebt, während Horaz, Tibull und Ovid ihm darüber hinaus den Verzehr menschlicher Leichen zuschreiben. Kallimachos u. a. erwähnen das Geheul der Wölfe. Plinius berichtet zudem von den nachts leuchtenden Augen des Wolfes und ergänzt eine Reihe fabulöser Details. Schon in der griechischen Literatur wird der Wolf ambivalent als edel oder auch listig, gefräßig, räuberisch, unzähmbar und roh charakterisiert. Es überwiegen jedoch die negativen Einschätzungen. Der Wolf ist häufig als Schreckensgestalt und natürlicher Feind vieler Tiere wie Esel, Stier und Fuchs typisiert. Weil er Schafe, Ziegen und bisweilen Kälber reißt, wird er auch als Plage für Bauern und Hirten dargestellt. Menschen, denen in der antiken Literatur wölfische Züge zugeschrieben werden, gelten als gefährlich. In der Magie und Medizin fand der Wolf sowohl in magischen Abwehrpraktiken als auch zu heilkundlichen Zwecken vielfältige Verwendung, und zwar vor allem sein Fell und sein Fett. Wohl durch eine Fehldeutung wurde der Wolf in der Religion mit Apoll in Verbindung gebracht, dem Wölfe geopfert wurden; in Delphi gab es sogar eine Wolfsstatue. In der römischen Mythologie hatten besonders Wölfinnen wegen der Gründungssage Roms einen besonderen Stellenwert. Unabhängig davon existierte eine ursprünglich aus dem skythischen Raum stammende Vorstellung, dass Menschen, die das Fleisch anderer Menschen verzehren, zu Werwölfen werden.

Poetische Gerechtigkeit

Häufig findet sich in der Dichtung eine im realen Leben nicht immer zu beobachtende, aber als »gerecht« empfundene Weltsicht, in der die Guten belohnt und die Bösen bestraft werden. Diesen Kausalzusammenhang, der besonders häufig in Form von »Schuld und Strafe« in Erscheinung tritt, nennt man in der Literaturtheorie »poetische Gerechtigkeit«.

pietas

Als zentraler römischer Wertbegriff ist *pietas* eng mit anderen Tugenden wie *fides* (Treue), *concordia* (Eintracht), *constantia* (Beständigkeit) und *virtus* (Tapferkeit) verbunden. *pietas* umfasst im Wesentlichen das pflichtgemäße Verhalten gegenüber den Göttern und der Heimat (sowie in späterer Zeit dem Kaiser), im Rahmen der Familie auch gegenüber Verwandten, vor allem den Eltern. Im römischen Alltag hatte die Personifikation der *Pietas* als weibliche Gottheit im privaten wie im öffentlichen Bereich einen festen Platz, und zwar in Form von eigenen Tempelbauten, von Münzdarstellungen der *Pietas* (u. a. mit Abbildung eines Storchs, der seine Eltern nährt) oder in Form des Cognomens *Pius*. Gern stellten Machthaber und Kaiserhaus ihre *pietas* heraus, wobei Vergils Aeneas den Prototyp des *pius homo* lieferte. Unter Augustus wurde die *Pietas Augusta* als Kaisertugend programmatisch verwendet.

Lycaon: Ein antiker Werwolf? M3

Gastfreundschaft/*hospitium*

Definition: Das Urteil über das Wesen der antiken griechisch-römischen Gastfreundschaft hängt davon ab, ob diese von einem moralischen, rechtlichen oder politischen Standpunkt aus betrachtet wird. Einerseits herrscht in der Forschung die Vorstellung vom rein altruistischen [= selbstlosen] Charakter der Gastfreundschaft als Ausdruck der Zivilisiertheit schlechthin; andererseits setzte sich schon früh die Auffassung durch, dass mit der Gastfreundschaft politische und ökonomische Interessen verfolgt wurden. Dabei wurde auf den vertraglichen Charakter der Gastfreundschaft verwiesen und ihr eine friedenssichernde Rolle im Handelsverkehr sowie eine politische Bündnisfunktion zugeschrieben.

Befunde: Die Gastfreundschaft ist ein in der antiken Literatur und Philosophie häufig aufgegriffenes Thema. Sowohl das homerische Epos als auch die römische Dichtung enthalten Exempla [= Beispiele] über das rechte gastliche Verhalten. Der Schutz des Fremden galt als göttliches Gebot, über das bei den Römern *Iuppiter Hospitalis* wachte. Die Speisen für fremde Gäste nannte man *xenia*. Wo die *xenia* an durchziehende Heere oder ranghohe Personen vergeben wurden, trugen sie tendenziell Tribut- bzw. Abgabencharakter. Herbergen (lat. *hospitium*) gab es nur wenige.

Ranghohe Reisende griffen meist auf individuelle Gastfreundschaft zurück. Die Pflege der Gastfreundschaft war für die politische Reputation [= den guten Ruf] von Bedeutung.

Der neue Pauly – Enzyklopädie der Antike, hg. von Hubert Cancik und Helmuth Schneider, Stuttgart/Weimar: Metzler, 1998, Bd. 4, Sp. 794 ff., s.v. Gastfreundschaft; Fassung gekürzt

Geisel *(obses)*

In der Regel stellte man in der Antike eine Geisel *(obses)* entweder als Mittel, um Druck auszuüben, oder zur Bestärkung einer Übereinkunft zwischen zwei Seiten. In beiden Fällen galten Geiseln als »sakrosankt«, d. h. als unantastbar. Ging es um die Bestärkung einer Übereinkunft, so wurde die Unantastbarkeit der sogenannten »Vertragsgeisel« zusätzlich durch Gesandtschaften *(legationes)* oder Verhandlungen bzw. zwischenstaatliche Abkommen (z. B. Kriegsverträge) gesichert. Bei Friedensabkommen galten Vertragsgeiseln auch als Garanten für die Erfüllung einzelner Bedingungen und für politisches Wohlverhalten.

Lycaon: Ein antiker Werwolf? A3

9. Diskutieren Sie abschließend unter Bezug auf den lateinischen Text, welche der Abbildungen als DVD-Cover einer Verfilmung der Lycaon-Metamorphose am geeignetsten ist. Sie können auch ein eigenes Cover entwerfen.

Apoll und Daphne (met. 1, 452-567)
1. Die erste Liebe – aus einem Streit entstanden (met. 1, 452-465)

T4

In der Frühzeit der Welt tötet Apoll mit Pfeil und Bogen die Riesenschlange Python, die alle Völker in Schrecken versetzt hat. Zum Gedenken an diese Befreiung richtet der Gott die sogenannten »Pythischen Spiele« ein, deren Sieger jeweils einen Eichenlaubkranz erhalten. Lorbeerbäume gibt es nämlich noch nicht. Auch Apoll selbst trägt nur einen Kranz von irgendwelchen beliebigen Bäumen, bis eines Tages Folgendes geschieht …

452 Primus amor Phoebi[1] Daphne Peneia[2], quem non

fors[3] ignara dedit, sed saeva Cupidinis[4] ira.

Delius[5] hunc nuper, victa serpente[6] superbus,

455 viderat adducto flectentem cornua[7] nervo[8]

»Quid« que »tibi[9], lascive[10] puer, cum fortibus armis?«

dixerat, »Ista decent[11] umeros gestamina[12] nostros,

qui dare certa ferae[13], dare vulnera possumus hosti,

qui modo pestifero tot iugera ventre prementem[14]

460 stravimus innumeris tumidum Pythona sagittis[15].

Tu face[16] nescio quos esto contentus amores[17]

inritare[18] tua, nec laudes adserere[19] nostras!«

Filius huic Veneris[20] »Figat[21] tuus omnia, Phoebe,

te meus arcus[22]« ait; »Quantoque animalia[23] cedunt

465 cuncta deo, tanto minor est tua gloria nostra.«

1 **Phoebus**, ī *m.*: der »Leuchtende« (Beiname Apolls → Funktion als Lichtgott); ergänze hier: erat

2 **Daphnē Pēnēia**, Daphnēs Pēnēiae *f.*: die peneische Daphne *(Tochter des Flussgottes Peneus; eine Nymphe)*

3 **fors**, fortis *f.*: Zufall

4 **Cupīdō**, idinis *m.*: Cupido *(Liebesgott)*

5 **Dēlius**, ī *m.*: der »Delier« *(Apoll, der auf der Insel Delos geboren wurde)*

6 **serpēns**, entis *f.*: Schlange

7 **cornū**, ūs *n.*: hier: Bogenspitze

8 **nervus**, ī *m.*: Sehne

9 »**Quid … tibī** …«: hier: »Was hast du zu schaffen …/Was maßt du dir an …«

10 **lascīvus**, a, um: frech

11 **decēre** *(m. Akk.)*: ziehmen

12 **gestāmen**, inis *n.*: Last; *Pl.*: Bewaffnung

13 **fera**, ae *f.*: wildes Tier

14 **pestiferō … prementem**: *(bezogen auf den Python)* welcher mit seinem giftigen Bauch so viele Morgen Land bedeckte

15 **sternere … sagittīs**: den aufgeblasenen Python mit zahllosen Pfeilen erlegen

16 **fax**, facis *f.*: Fackel

17 **nescio quōs … amōrēs**: irgendwelche Liebschaften

18 **inrītāre** = irrītāre: erregen, wecken

19 **adserere**: beanspruchen

20 **Venus**, Veneris *f.*: Venus *(Liebesgöttin, Mutter des Cupido)*

21 **figere**: *hier* = trānsfigere: durchbohren

22 **arcus**, ūs *m.*: Bogen

23 **animal**, ālis *n.*: Tier

1. Die erste Liebe – aus einem Streit entstanden (met. 1, 452–465) A4

Marc Camelbeke, *Eros*, 2010

---

1. Zum Einstieg in das Thema: Stellen Sie die Personen aus dem lateinischen Text (V. 452–465) zusammen und arbeiten Sie unter Einbezug der Überschrift und des digitalen Gemäldes von Marc Camelbeke ihre mögliche Beziehung zueinander heraus.
2. Übersetzen Sie den Text ins Deutsche.
3. Charakterisieren Sie die vorliegende Szene und stellen Sie dementsprechend Vermutungen über den unmittelbaren Fortgang der Handlung an.
4. Stellen Sie eine Vokabel-Mindmap zum Sachfeld »Liebe« zusammen und ergänzen Sie diese im Laufe der Lektüre.

2. Amors Schuss (met. 1, 466-476) T4

466 Dixit et eliso percussis aere pennis	Sprach's und stellte sich unverdrossen auf die schattige Spitze des Parnass, nachdem die Flügel durch die geschlagene Luft geschwungen worden waren, und er holte aus dem pfeiltragenden Köcher zwei Geschosse mit verschiedenen Wirkweisen hervor: dieses vertreibt, jenes verursacht Liebe.
inpiger umbrosa Parnasi constitit arce	
eque sagittifera prompsit duo tela pharetra	
diversorum operum: fugat hoc, facit illud amorem.	
470 Quod facit, auratum est et cuspide fulget acuta,	Welches sie verursacht, ist vergoldet und blitzt an der scharfen Spitze. Welches sie vertreibt, ist stumpf und hat Blei unter dem Schaft.
Quod fugat, obtusum est et habet sub harundine	
plumbum.	
Hoc deus in nympha Peneide fixit, at illo	Dieses richtet der Gott auf die peneische Nymphe, aber mit jenem verwundete er durch die durchbohrten Knochen hindurch Apolls Mark. Hals über Kopf empfindet der eine Liebe. Es flieht aber die andere allein schon vor dem Wort ›Lieben‹ und hat als eifrige Anhängerin der unvermählten Diana die Zuflucht der Wälder und Felle von erlegten Wildtieren gern.
laesit Apollineas traiecta per ossa medullas.	
Protinus alter amat. Fugit altera nomen amantis	
475 silvarum latebris captivarumque ferarum	
exuviis gaudens innuptaeque aemula Phoebes.	

2. Amors Schuss (met. 1, 466-476) A4

1. Vergleichen Sie Ihre Vermutungen zu Text 1, Aufgabe 3 mit Ovids Fortsetzung der Erzählung in der synoptischen Leseversion von Text 2.
2. Analysieren Sie Ovids metrische und stilistische »Dramatisierung« der Handlung im synoptischen Text.
3. Beurteilen Sie, ob Camelbekes *Eros* (s. S. 33) beim Stichwort »Amor« in Ihrem *Metamorphosen*-Wiki erscheinen könnte. Zitieren Sie dazu auf Lateinisch, welche Passagen der bisherigen Erzählung von Camelbeke illustriert werden.

3. Heiße und kalte Gefühle (met. 1, 490-524)   T4

Nach der Verwundung durch Amors stumpfen Pfeil hat also Daphne, die Tochter des Flussgottes Peneus, beschlossen, mit offenen Haaren die Wälder zu durchstreifen und alle Männer, die um sie werben, abzulehnen – übrigens sehr zum Kummer ihres Vaters, der sich Schwiegersohn und Enkelkinder wünscht, seine Tochter aber gewähren lässt. Der von Amors spitzem Pfeil getroffene Apoll kann jedoch von der bildschönen Daphne nicht lassen.

490 Phoebus amat visaeque cupit conubia[1] Daphnes[2],

quodque cupit, sperat, suaque illum oracula[3] fallunt,

utque leves stipulae[4] demptis adolentur aristis[5],

ut facibus[6] saepes[7] ardent, quas forte viator[8]

vel nimis admovit vel iam sub luce[9] reliquit,

495 sic deus in flammas abiit, sic pectore toto

uritur[10] et sterilem sperando nutrit amorem[11].

Spectat inornatos collo pendere[12] capillos[13]

et »Quid, si comantur[14]?« ait. Videt igne micantes[15]

sideribus similes oculos, videt oscula[16], quae non

500 est vidisse satis; laudat digitosque[17] manusque

bracchiaque[18] et nudos media plus parte[19] lacertos[20];

si qua latent, meliora[21] putat. Fugit ocior[22] aura

illa levi[23] neque ad haec revocantis verba resistit:

1 cōnūbium, ī *n.*: Ehe, eheliche Vereinigung *(dicht. Pl.)*
2 Daphnēs: *griech. Genitiv, Genitivus obiectivus*
3 ōrāculum, ī *n.*: Orakel, Weissagung
4 stipula, ae *f.*: Halm, Stoppel
5 dēmptīs adolentur aristīs: nach der Ernte der Ähren verbrannt werden
6 fax, facis *f.*: Fackel
7 saepēs, is *f.*: Zaun
8 viātor, ōris *m.*: Wanderer
9 sub lūce: in der Morgendämmerung
10 pectore tōtō ūritur: glüht mit sämtlichen Herzensfasern
11 sterilem ... nūtrit amōrem: nährt ... seine zum Scheitern verurteilte (= »unfruchtbare«) Liebe
12 pendēre: herabhängen
13 inōrnātī capillī, ōrum *m.*: nicht frisierte Haare
14 cōmere: kämmen, frisieren
15 micāre: funkeln, leuchten
16 ōsculum, ī *n.*: Mündchen *(dicht. Pl.)*
17 digitus, ī *m.*: Finger
18 bracchium, ī *n.*: Unterarm
19 mediā ... parte: *Abl. comp.*
20 lacertus, ī *m.*: Oberarm
21 melior, melius: *Komparativ zu* bonus
22 ōcior, ōcius: schneller
23 aurā ... levī: *Abl. comp.*

»Nympha, precor, Penei[24], mane! Non insequor hostis;

505 nympha, mane! Sic[25] agna lupum, sic cerva leonem,

sic aquilam penna fugiunt trepidante columbae,

hostes quaeque suos: amor est mihi causa sequendi!

Me miserum[26]! Ne prona[27] cadas indignave[28] laedi

crura notent[29] sentes[30] et sim tibi causa doloris!

510 Aspera, qua properas, loca sunt: moderatius[31], oro,

curre fugamque inhibe[32], moderatius insequar ipse.

Cui placeas, inquire[33] tamen: Non incola[34] montis,

non ego sum pastor[35], non hic armenta gregesque

horridus observo[36]. Nescis, temeraria[37], nescis,

515 quem fugias, ideoque[38] fugis: Mihi Delphica tellus

et Claros et Tenedos Patareaque regia[39] servit;

Iuppiter est genitor[40]; per me, quod eritque fuitque

estque, patet; per me concordant carmina nervis[41].

Certa quidem nostra est, nostra tamen una sagitta[42]

520 certior, in vacuo[43] quae vulnera pectore fecit!

Inventum[44] medicina[45] meum est, opiferque[46] per orbem

dicor, et herbarum[47] subiecta potentia nobis.

Ei mihi, quod[48] nullis amor est sanabilis herbis

nec prosunt[49] domino, quae prosunt omnibus, artes!«

---

24 nympha (ae *f.*) **Pēnēī:** Peneus-Nymphe (*Tochter des Flussgottes Peneus*)

25 Sīc agna … columbae: So flieht das Lamm vor dem Wolf, die Hirschkuh vor dem Löwen, so fliehen mit hastigem Flügelschlag die Tauben vor dem Adler.

26 Mē miserum!: *Akk. des Ausrufs*

27 prōnus, a, um: stürzend, kopfüber

28 indīgnus, a, um (*hier: m. Inf. Pass.*): unwürdig

29 crūra notāre: die Schenkel aufritzen

30 sentis, is *m.*: Dornstrauch

31 moderātior, moderātius: maßvoller

32 inhibēre: anhalten

33 inquīrere: prüfen, fragen

34 incola, ae *m.*: Bewohner

35 pāstor, ōris *m.*: Hirte

36 nōn … observō: nicht hüte ich zottig hier Rinder und Kleinviehherden

37 temerārius, a, um: unüberlegt, verwegen

38 ideō: darum

39 Delphica … rēgia: das Land um Delphi und die Stadt Klaros und die Insel Tenedos und der Königshof der Stadt Patara (*Namen von Orakel- und Kultstätten Apolls*)

40 genitor, ōris *m.*: Vater

41 concordāre nervīs: mit den Saitenklängen harmonieren

42 sagitta, ae *f.*: Pfeil

43 vacuus, a, um: leer, frei, unbesetzt

44 inventum, ī *n.*: Erfindung

45 medicīna, ae *f.*: Medizin

46 opifer, ī *m.*: Hilfebringer, Retter

47 herba, ae *f.*: Kraut

48 Ei mihi, quod …: Wehe mir, dass …

49 prōdesse, prōsum, prōfuī: nützen, helfen

3. Heiße und kalte Gefühle (met. 1, 490–524)   A4

1. Übersetzen Sie den Text ins Deutsche.
2. Stellen Sie als Ergänzung Ihrer Vokabel-Mindmap zum Thema »Liebe« alle in diesem Textstück vorkommenden lateinischen Vergleiche und Metaphern zum Thema »amor« zusammen.
   Untergliedern Sie dabei nach bildspendenden Sachfeldern (Feuerbilder, Pflanzenbilder etc.).
   Vergleichen Sie anschließend Sachfelder in der deutschen Bildsprache zum Thema »Liebe«.
3. Untersuchen Sie Aufbau und Stilmittel in Apolls Rede und zeigen Sie, inwiefern sie Struktur-Elemente aus der römischen Rhetorik aufnimmt (s. Kurz-Info in M4).
4. Erörtern Sie die mögliche Wirkung dieser Verse auf den römischen Leser. Verwenden Sie dazu u. a. die Info zu »Anthropomorphismus« in M4.
5. Fassen Sie zusammen, welche Vorzüge Apoll in seiner »Werbung« an sich selbst hervorhebt und welche Emotionen ihn begleiten. Leiten Sie daraus eine passende Vortragsweise der Verse ab (Tempo, Pathos etc.).

3. Heiße und kalte Gefühle (met. 1, 490–524)   M4

Zum Aufbau einer römischen Rede

In der römischen Rhetorik waren Reden, die ihren Platz im öffentlichen Bereich hatten (Gerichts-, Staats- und Festreden) streng formalisiert. Eine erfolgreiche Rede diente dabei den Intentionen des *docere* (lehren), *delectare* (erfreuen) und *(com)movere* (bewegen, rühren). Gemäß der *Rhetorica ad Herennium*, einem anonymen Standardlehrwerk der antiken Rhetorik, gliederte sie sich in folgende *partes orationis* (Redeteile):

1. exordium (Einleitung)
2. narratio (Darstellung des Sachverhalts)
3. divisio (Gliederung, Präzisierung des Sachverhalts)
4. argumentatio: probatio/refutatio (Beweisführung: Begründung/Widerlegung)
5. peroratio/conclusio (beschwörender Appell, abschließende Erörterung)

Anthropomorphismus

Der Begriff Anthropomorphismus geht auf die altgriechische Bezeichnung für »Menschengestalt« zurück. In der griechisch-römischen Antike ist besonders der religiöse Bereich dadurch gekennzeichnet, dass man sich Götter in Menschengestalt vorstellte. Während in der vorgriechischen Zeit (minoische und mykenische Ära) unter anderem menschliche Körper mit Tierköpfen verehrt wurden, sind bereits im frühgriechischen Epos (bei Homer und Hesiod) Götter in reiner Menschengestalt belegt. Die menschliche Körperlichkeit zeigt sich dabei zum einen äußerlich, z. B. in der Beschreibung der leuchtenden Augen Athenes, von Aphrodites schönem Hals oder auch von der herausragenden Körpergröße der meisten Götter. Zum anderen findet sich die menschliche Körperlichkeit auch darin, dass die Götter Nahrung aufnehmen (Ambrosia, Nektar), Schmerz empfinden und sogar Götterblut besitzen. Auch ihre Sexualität sowie ihr Denken und Fühlen im Allgemeinen sind trotz aller göttlichen Überlegenheit an Wissen und Macht mit den Menschen vergleichbar. Dementsprechend interpretierte man in der Antike weltliche Vorgänge auch als Folge eines menschlichen Verhaltens der Götter (z. B. von Götterzorn wegen Ungerechtigkeit oder Vernachlässigung). Riten und Gebete wurden daher auch wie für Menschen gestaltet, so z. B. mit Geschenken, Versprechen oder unter Verweis auf ein menschliches Verdienst, welches göttliche Hilfe rechtfertigt usw.

4. Die Verwandlung (met. 1, 543-452) T4

Apoll setzt seine Verfolgung fort, während Daphne bis zur Erschöpfung weiter flieht …

Viribus absumptis¹ expalluit² illa citaeque³

victa labore fugae spectans Peneidas undas⁴

545 »Fer, pater,« inquit »opem! Si flumina numen habetis,

qua nimium placui, mutando perde figuram!«

Vix prece finita⁵ torpor⁶ gravis occupat artus⁷,

mollia cinguntur tenui praecordia⁸ libro⁹,

450 in frondem¹⁰ crines¹¹, in ramos¹² bracchia¹³ crescunt,

pes modo tam velox¹⁴ pigris radicibus¹⁵ haeret,

ora cacumen¹⁶ habet: remanet nitor¹⁷ unus in illa.

1 absūmere, sūmpsī, sūmptum: aufbrauchen
2 expallēscere, palluī: gänzlich erbleichen
3 citus, a, um: schnell
4 Pēnēis, idis *f.* (griech. Akk. Pl.: idas): peneisch (vom Fluss Peneus)
5 fīnīre: beenden
6 torpor, ōris *m.*: Starre
7 artus, ūs *m.*: Gelenk, Glied
8 praecordia, ōrum *n.*: Brust
9 tenuis liber (ī *m.*): zarter Bast, dünne Baumrinde
10 frōns, frondis *f.*: Laubwerk
11 crīnis, is *m.*: Haar
12 rāmus, ī *m.*: Ast, Zweig
13 bracchium, ī *n.*: Unterarm
14 vēlōx, ōcis: schnell
15 pīgrīs rādīcibus: an zähen Wurzeln
16 cacūmen, inis *n.*: Wipfel
17 nitor, ōris *m.*: Glanz

4. Die Verwandlung (met. 1, 543-452) M4

Lorbeer

Der Lorbeer war in der Antike im Mittelmeergebiet weit verbreitet. Er kam als Wildbusch bzw. immergrüner Waldbaum oder auch als Zuchtpflanze vor. Medizinisch wurden vor allem die Blätter vielfältig eingesetzt, z. B. gegen Schlangenbisse (Blätterkompresse), Husten (gekaute Blätter) oder als Brechmittel (Tee aus den Blättern).

Die Beeren wurden zur Förderung des Abhustens gern mit Wein eingenommen. Wenn man sich ferner mit dem Saft der Lorbeeren einrieb, sollte dies giftige Tiere abwehren. Überreife Lorbeeren kochte man zusammen mit den Blättern in Wasser ab und stellte daraus Lorbeer-Öl her, das aufgrund seiner wärmenden und lockernden Wirkung zu Salben verarbeitet wurde oder als reines Öl bei Mittelohrentzündung empfohlen wurde. Wie der Beerensaft sollte auch das Lorbeeröl angeblich Schlangen vertreiben.

Ferner gab es Lorbeer-Wein, der mithilfe von in Most eingelegtem frischem Lorbeer-Holz hergestellt wurde. Er galt als erwärmend, harntreibend und wurde gern zum Stillen von Blutungen eingesetzt. Auch auf der seelischen Ebene wurde dem Lorbeer eine alles Übel abwehrende Wirkung und eine reinigende Kraft gegen seelische Befleckung zugeschrieben.

4. Die Verwandlung (met. 1, 543–452)　　　　　　　　　　　　　　　　A4

Melissa Weinman, Daphne and Apollo, 1998, Oil on canvas 68"× 80"; melissaweinman.com.

1. Beschreiben und interpretieren Sie das Bild von Melissa Weinman. Stellen Sie auf dieser Grundlage Vermutungen über den Ausgang der Ovidischen Erzählung an.
2. Übersetzen Sie den Text ins Deutsche.
3. Stellen Sie in einer lateinisch zitierenden Tabelle Daphnes Körperteile, ihre Verwandlungsprozesse und das Ergebnis der Verwandlungen zusammen.
4. Erklären Sie mit Bezug auf Aufgabe 3, weshalb in der Antike die Entstehung des immergrünen Lorbeerbaums mit der Daphne-Erzählung symbolisch in Zusammenhang gebracht wurde.
Recherchieren Sie dazu auch Fotografien wilder Lorbeerbäume im Internet und beziehen Sie diese zusammen mit dem Infotext zum Lorbeer auf S. 38 mit ein.

5. (K)ein Happy End? (met. 1, 553-567) T4

Doch auch die Verwandlung ändert nichts an Apolls Begehren …

    Hanc quoque Phoebus[1] amat positaque in stipite[2] dextra

    sentit adhuc trepidare novo sub cortice[3] pectus

555 conplexusque[4] suis ramos ut membra[5] lacertis[6]

    oscula[7] dat ligno[8]; refugit[9] tamen oscula lignum.

    Cui deus »At, quoniam coniunx mea non potes esse,

    arbor eris certe« dixit »mea! Semper habebunt

    te coma[10], te citharae[11], te nostrae, laure[12], pharetrae[13];

560 tu ducibus Latiis[14] aderis, cum[15] laeta triumphum

    vox canet et visent longas Capitolia pompas;

    postibus Augustis[16] eadem fidissima[17] custos

    ante fores[18] stabis mediamque tuebere quercum[19],

    utque[20] meum intonsis caput est iuvenale capillis,

565 tu quoque perpetuos semper gere frondis honores!«

    Finierat Paean[21]: factis modo laurea[22] ramis

    adnuit[23] utque caput visa est agitasse[24] cacumen.

---

1 **Phoebus**, ī *m.*: der »Leuchtende« *(Beiname Apolls in seiner kultischen Funktion als Lichtgott)*

2 **stīpes**, itis *f.*: Baumstamm

3 **trepidāre novō sub cortice**: unter der frischen Rinde zittern

4 **conplectī** = complectī (plector, plexus sum): ergreifen, umfassen

5 **membrum**, ī *n.*: Körperteil

6 **lacertus**, ī *m.*: Oberarm

7 **ōsculum**, ī *n.*: *hier:* Kuss

8 **līgnum**, ī *n.*: Holz

9 **refugere**, fugiō, fūgī *(trans.)*: meiden, scheuen

10 **coma**, ae *f.*: Haupthaar

11 **cithara**, ae *f.*: Leier

12 **laurus**, ī *f.*: Lorbeerbaum

13 **pharetra**, ae *f.*: Köcher

14 **Latius**, a, um: latinisch

15 **cum … pompās**: wenn die heitere Stimme den Siegeszug besingt und das Kapitol die langen Festzüge betrachtet

16 **postibus Augustīs**: am Eingang des Kaiserpalasts *(eigtl.:* »an den Augustus'schen Pfosten«; *vor dem Haustor des Augustus, der Apoll als seinen persönlichen Schutzgott gewählt hatte, stand beidseitig je ein Lorbeerbaum)*

17 **fīdus**, a, um: treu

18 **forēs**, ium *f.*: (Flügel-)Tür

19 **quercus**, ūs *f.*: Eiche, Eichenkranz *(es handelt sich hierbei um die höchste militärische Auszeichnung der römischen Republik, die corona civica; sie wurde Augustus 27 v. Chr. verliehen)*

20 **utque … capillīs**: und wie mein Haupt mit den ungeschorenen Haaren jugendlich ist

21 **Paeān**, ānis *m.*: Heilgott, Heiland, Apoll

22 **laurea**, ae *f.*: = laurus

23 **adnuere** = annuere (annuō, annuī): zunicken, zustimmen

24 **agitāsse** = agitāvisse

5. (K)ein Happy End? (met. 1, 553–567)   A4

1. Zum Einstieg in Text 5 stellen Sie Vermutungen an, wie Apoll auf Daphnes Verwandlung reagieren könnte.
2. Übersetzen Sie den Text ins Deutsche.
3. Stellen Sie aus den Texten zu Apoll und Daphne je eine Vokabel-Mindmap zu folgenden Sachfeldern zusammen und ergänzen Sie diese im Laufe der Lektüre:
   a) »Pflanzen und Lebewesen«
   b) »Der menschliche Körper«.
4. Interpretieren Sie die intendierte Funktion und Leserwirkung der Daphne-Metamorphose
   a) innerhalb des konkreten erzählerischen Rahmens
   b) im literarischen Kontext, unter anderem in Bezug auf die Aitiologie (s. S. 28) und auf den Typus der elegischen *dura puella* (s. Info S. 42)
   c) in Bezug auf die Moralvorstellungen der augusteischen Politik (Stichwörter: Stellung und Rechte römischer Frauen, *Lex Iulia et Papia*, s. Info S. 43).
5. Bewerten Sie auf der Grundlage Ihrer Interpretation in Aufgabe 4, inwiefern es sich bei Daphnes Metamorphose um (k)ein Happy End handelt. Berücksichtigen Sie dabei auch die Unterschiede der Perspektiven Daphnes, Apolls und des Peneus.
6. Erörtern Sie, ob die Episode von *Apoll und Daphne* moderne Fälle von sexueller Belästigung und Gewaltandrohung widerspiegelt und wie unsere Gesellschaft mit diesem Thema umgeht (s. Info S. 42 zum Thema Vergewaltigung in der Antike).
7. Recherchieren Sie staatliche Unterstützungen und Vergünstigungen für junge Eltern heute (Mutterschutz, Elternzeit, Kindergeld, Anspruch auf Kita-Plätze etc.) und vergleichen Sie diese mit der Praxis des *ius liberorum* (s. Aufgabe 4c und Info zur *Lex Iulia et Papia* auf S. 43).
   Bewerten Sie im Vergleich, ob die Maßnahmen aus Ihrer persönlichen Sicht sinnvoll bzw. notwendig sind und inwiefern sie gerechtfertigt und fair sind gegenüber freiwillig oder unfreiwillig kinderlosen Mitbürgern.
8. Ergänzen Sie Ihr *Metamorphosen*-Wiki mit weiteren Schlagwörtern aus der Episode von Apoll und Daphne.
9. Untersuchen Sie die Erzählperspektive von *Apoll und Daphne* anhand der Vorlage auf S. 18.

5. (K)ein Happy End? M4

dura puella

Besonders in der römischen Liebeselegie gehört das »hartherzige Mädchen«, die »dura puella«, zum festen Typen-Repertoire. Sie verschmäht die Annäherungsversuche des an Liebeskummer leidenden »amator« (»Liebhaber«, oft das lyrische sprechende »Ich«) und verweigert ihm die körperliche Nähe. In der Regel erfüllt der »amator« dabei die Rolle eines moralisch anständigen, dichterisch begabten wohlhabenden jungen Römers, der durch seine Verliebtheit aber den gesellschaftlichen Erwartungen einer politischen bzw. militärischen Karriere nicht nachkommt. Die Hartherzigkeit der hübschen Angebeteten hingegen zeigt sich rollentypisch entweder einfach nur an ihrer Kälte oder oft auch an ihrem ausnutzerischen, treulosen Verhalten, indem sie Geschenke annimmt oder auch einfordert, sich ansonsten jedoch rar macht bzw. sich gar mit einem Rivalen vergnügt. Manchmal kommt es zu Gewaltandrohungen, Türen aufzubrechen, Wächter zu überwältigen und das Mädchen zu ergreifen. Manchmal zieht sich der Verschmähte jedoch auch schwermütig zurück und begibt sich auf eine lange Seereise o. ä.

»Vergewaltigung« in der Antike

Begrifflichkeit: Im modernen Sprachgebrauch wird der gewaltsam erzwungene Geschlechtsverkehr, der von der bezwungenen Person abgelehnt wird, als Vergewaltigung bezeichnet. Ein entsprechender antiker Terminus [= Begriff] existiert nicht. Die griechische und römische Terminologie zur Beschreibung des Tatbestands der Vergewaltigung deutet nur teilweise die mit dem Vorgang verbundene Gewalt an; nicht selten wird der Aspekt der Gewalt verschleiert; mitunter wird die mit der Vergewaltigung einhergehende Erniedrigung des Opfers angedeutet. In den literarischen Quellen finden sich zahlreiche Hinweise auf Vergewaltigung, so in Mythen, in den Epen Homers, in Dramen, in Ovidius' »Metamorphosen«, in Ethnographie, Geschichtsschreibung, Dichtung, philosophischen und juridischen Texten.

Tatbestände: Als Täter werden von den griechischen und römischen Autoren meist freie Männer benannt, bei den erwähnten Opfern von Vergewaltigung handelt es sich größtenteils um junge, oft unverheiratete Frauen, seltener um junge Männer. Die sexuelle Aneignung eigener Sklavinnen oder Sklaven stand im Einklang mit der absoluten Verfügungsgewalt der Herren, während es verboten war, sich an den Sklaven eines anderen zu vergreifen. Vergewaltigung freier Frauen ist topischer [= feststehender] Bestandteil der Schilderungen der Machtergreifung grausamer Tyrannen in Griechenland.

Wertungen und gesetzliche Regelungen: Welche Motive den Täter zur Vergewaltigung veranlassten und inwiefern für die Tat er selbst, eine höhere Gewalt (Eros) oder das Opfer verantwortlich gemacht wurde, ist in der Forschung umstritten. Im Rahmen der antiken moralischen Bewertung von Vergewaltigung spielt der Tatbestand der Gewaltanwendung eine unwesentliche Rolle. Die Vergewaltigung wurde in der Antike deswegen missbilligt, weil der Täter sich im Rahmen der gewaltsamen sexuellen Vereinnahmung seines Opfers den Status und das Recht eines Ehemannes anmaßte, ohne dazu legitimiert zu sein. Die psychischen Schäden der Opfer von Vergewaltigungen wurden von griechischen und römischen Autoren nur am Rande beleuchtet. Es sind verschiedene gesetzliche Regelungen bezeugt, die Strafen für Vergewaltigung festsetzten.

Mythischer Kontext: [Beinahe-]Vergewaltigungen werden in zahlreichen Mythen erwähnt, wobei oft Götter (etwa Apollon, Poseidon, Zeus oder Hades) oder Heroen wie Theseus und Peleus sterbliche Mädchen [zumeist straflos] vergewaltigen.

Der neue Pauly – Enzyklopädie der Antike, hg. von Hubert Cancik und Helmuth Schneider, Stuttgart/Weimar: Metzler, 2002, Bd. 12/2, Sp. 39 ff., s. v. Vergewaltigung; Fassung gekürzt.

5. (K)ein Happy End?   M4

Lex Iulia et Papia

Zur Erhöhung der Ehemoral und Bekämpfung der Kinderlosigkeit verbot Augustus durch die *lex Iulia de maritandis ordinibus* (18 v. Chr.) standeswidrige Ehen und ordnete durch die *lex Papia Poppaea* (9 n. Chr.) Ehepflicht für Bürger im heiratsfähigen Alter an, wobei Unverheiratete mit dem Verfall des ihnen testamentarisch Zugewandten, kinderlos Verheiratete mit dem Verfall der Hälfte bestraft wurden; wer hingegen Kinder hatte, wurde mit zahlreichen Privilegien versehen (*ius liberorum*, »Kinderprivileg«). Welche Regelungen welchem der beiden Gesetze zuzuordnen waren, war schon in der Antike nicht mehr sicher bekannt; daher verschmolzen sie so miteinander, dass sie oft einheitlich als *lex Iulia et Papia* bezeichnet wurden. Die Gesetze verfehlten ihren Zweck (was schon Augustus erkannte), wurden aber erst 531/534 n. Chr. endgültig aufgehoben.

Der neue Pauly – Enzyklopädie der Antike, hg. von Hubert Cancik und Helmuth Schneider, Stuttgart/Weimar: Metzler, 1999, Bd. 7, Sp. 121, s.v. Lex Iulia et Papia; Fassung gekürzt.

Allgemeines zur Stellung römischer Frauen

Grundsätzlich waren römische Frauen den Männern gesellschaftlich deutlich untergeordnet und genossen je nach sozialem Stand unterschiedliche Pflichten und limitierte Rechte.

Die vornehme römische Frau war vor allem im privaten häuslichen Bereich oft eine wichtige Autorität. Am öffentlichen Berufs- und Geschäftsleben war sie kaum beteiligt (sehr selten als Priesterin oder auch Unternehmerin). Sie musste sich vor Gericht sogar von einem männlichen Verwandten vertreten lassen. In wohlhabenden Familien blieben der Dame des Hauses die ansonsten typischen niederen Hausarbeiten einerseits erspart, da sie von Sklaven verrichtet wurden (nur das Spinnen und Weben wertvoller Textilien waren auch für sie typische Tätigkeiten). Dafür war die vornehme Römerin andererseits mit der Beaufsichtigung einer ordentlichen Haushaltsführung betraut, was bei Familien mit teils mehreren hundert Sklaven durchaus eine sehr große Aufgabe sein konnte. Sie genoss nur eingeschränkte Bewegungsfreiheit und verließ meist nur in Begleitung eines Gefolges ihr Haus. Die Begleitung durch Dienerinnen (wie auch die Benutzung eines Wagens und das öffentliche Tragen von Schmuck) bezeugte dabei genau ihren sozialen Rang. Des Weiteren oblag der Frau auch die standesgemäße Verheiratung der Kinder. Sie betreute in der Regel zudem deren Ausbildung und hatte nicht selten selbst eine relativ gute Ausbildung. So bestand in Rom sowohl das Ideal der tugendhaft-besonnenen, keuschen und schweigsamen »matrona« als auch das Ideal der rednerisch gewandten und gebildeten Frau. Diesen Vorstellungen zu entsprechen war auch deswegen wichtig, weil anders als in Griechenland römische Frauen an Gastmählern und Empfängen teilnehmen durften und sich bei diesen Anlässen vor dem kritisch-kontrollierenden Blick der Gesellschaft zu bewähren hatten.

In ärmeren Schichten und vor allem unter den Freigelassenen mussten die Frauen zum Familieneinkommen beitragen und einer Arbeit nachgehen. Typische Frauenberufe waren Ärztin, Geburtshelferin oder Amme, Erzieherin, Friseurin, Magd im Haushalt oder in der Landwirtschaft, Hirtin, Wirtin, Kellnerin, Sängerin, Schauspielerin oder Tänzerin (letztere Berufe galten als unehrenhaft und wurden bzw. waren oft mit Prostitution gleichgesetzt). Aber auch hier war die Rolle als Ehefrau und Mutter gleichermaßen wichtig.

Narcissus und Echo (met. 3, 370–510)
1. Ein unnahbarer Schönling, Teil 1 (met. 3, 370–401)   T5

Ovids Metamorphosen berichten von vielen »Paaren« wie Apoll und Daphne, bei denen die zwei »Partner« nicht dasselbe wollen. Ein weiteres Beispiel sind Narcissus und Echo.

Die Waldnymphe Echo ist von Iuno wegen eines Verrats dazu verdammt worden, dass sie nur noch die Worte anderer wiederholen und nicht mehr selbstständig sprechen darf. So kann sie, als sie sich in den gutaussehenden Narcissus verliebt, diesem ihre Liebe nicht erklären. Wie also kommt sie an Narcissus heran, der zudem aus Überheblichkeit und Stolz auf seine Schönheit regelmäßig alle Verehrer und Verehrerinnen abweist?

370 Ergo ubi Narcissum per devia rura vagantem¹

vidit et incaluit², sequitur vestigia furtim³,

quoque magis sequitur, flamma propiore calescit⁴,

non aliter quam cum summis⁵ circumlita taedis

admotas rapiunt vivacia sulphura flammas.

375 O quotiens voluit blandis accedere dictis

et mollis⁶ adhibere⁷ preces! Natura repugnat

nec sinit, incipiat⁸, sed, quod sinit, illa parata est

exspectare sonos⁹, ad quos sua verba remittat.

Forte puer comitum seductus¹⁰ ab agmine fido¹¹

380 dixerat: »Ecquis¹² adest?« et »Adest.« responderat Echo.

Hic stupet¹³, utque aciem partes dimittit in omnis¹⁴,

voce »Veni!« magna clamat. Vocat illa vocantem.

---

1 **per dēvia rūra vagārī**: über abgelegene Felder wandern
2 **incalēscere, caluī**: erglühen
3 **fūrtim** *(Adv.)*: heimlich
4 **flammā propiōre calēscit**: desto mehr entbrennt sie durch die näherkommende Flamme *(durch die größere Nähe zu Narcissus)*
5 **summīs circumlita taedīs ... vīvācia sulphura**: schnell aufflammender Schwefel, der um Fackelspitzen gestrichen wurde
6 **mollīs** = mollēs
7 **adhibēre**: *hier:* äußern
8 **nec sinit, incipiat** = nec sinit, nē incipiat: und lässt nicht zu, dass sie den Anfang macht
9 **sonus, ī** *m.*: Klang, Laut
10 **sēdūcere, dūxī, ductum**: trennen
11 **fīdus, a, um**: treu
12 **ecquis**: jemand
13 **stupēre**: stutzen
14 **aciem partēs dīmittere in omnīs** (= omnēs): den Blick in alle Richtungen schweifen lassen

Respicit et rursus nullo veniente »Quid« inquit

»me fugis?« et totidem, quot[15] dixit, verba recepit.

385 Perstat[16] et alternae[17] deceptus[18] imagine vocis

»Huc coeamus[19]!« ait, nullique libentius umquam

responsura sono »Coeamus!« rettulit Echo

et verbis favet[20] ipsa suis egressaque silva

ibat, ut iniceret sperato bracchia[21] collo.

390 Ille fugit fugiensque »Manus conplexibus[22] aufer!

Ante« ait »emoriar[23], quam[24] sit tibi copia nostri[25]!«

Rettulit illa nihil nisi: »Sit tibi copia nostri!«

Spreta[26] latet silvis pudibundaque frondibus ora

protegit[27] et solis ex illo[28] vivit in antris[29].

395 Sed tamen haeret amor crescitque dolore repulsae.

Extenuant[30] vigiles[31] corpus miserabile[32] curae

adducitque cutem macies[33] et in aera sucus[34]

corporis omnis abit. Vox tantum atque ossa[35] supersunt:

vox manet, ossa[36] ferunt lapidis traxisse figuram.

400 Inde latet silvis nulloque in monte videtur,

omnibus auditur. Sonus est, qui vivit in illa.

---

15 totidem, quot …, verba: ebensoviele Worte, wie …

16 perstāre: weitermachen, beharrlich bleiben

17 alternus, a, um: *hier:* im Wechsel sprechend, antwortend

18 dēcipere, dēcēpī, dēceptum: täuschen, trügen

19 coīre: zusammenkommen *(mit erotischer Konnotation)*

20 favēre: Zustimmung ausdrücken

21 inicere bracchia *(m. Dat.)*: die Arme um etw. schlingen, umfassen

22 conplexus = complexus, ūs *m.*: Umarmung *(Abl. sep.)*

23 ēmorī: *verstärktes* morī

24 ante …, quam = …, antequam: …, bevor

25 cōpia nostrī: Macht über uns *(Pluralis maiestatis)*

26 spernere, sprēvī, sprētum: verschmähen

27 pudibundaque frondibus ōra prōtegere: das verschämte Gesicht mit Laub *(dicht. Pl.)* bedecken/im Laub verstecken

28 ex illō (tempore): seitdem

29 antrum, ī *n.*: Höhle

30 extenuāre: ausdünnen, auszehren

31 vigilis, e: wachend, ruhelos

32 miserābilis, e: jämmerlich

33 addūcitque cutem maciēs: und die Ausgezehrtheit lässt die Haut schrumpfen

34 sūcus, ī *m.*: Saft

35 os, ossis *n.*: Knochen

36 ossa … figūram: die Knochen sollen sich in Stein verwandelt haben

1. Ein unnahbarer Schönling, Teil 1 (met. 3, 370-401) A5

1. Übersetzen Sie den Text ins Deutsche.
2. Stellen Sie eine Mindmap zu den hier verwendeten lateinischen Ausdrücken des Sachfelds »dicere« zusammen und ergänzen Sie Ihre Mindmaps zum Thema »Liebe« und »Der menschliche Körper«.
3. Beschreiben Sie Echos Metamorphose und erklären Sie, welche Charaktereigenschaften und Verhaltensweisen die Verwandlung hervorgerufen haben.
4. Analysieren Sie, wie Ovid den Inhalt der Verse 379-392 metrisch und stilistisch gestaltet.
5. Studieren Sie unter Einbezug Ihrer Ergebnisse einen skandierten, sinnstiftenden Lesevortrag dieser Verse ein und präsentieren Sie Ihre persönliche Lese-Interpretation vor Ihrem Kurs.
6. Arbeiten Sie mithilfe einer Stimmenskulptur Echos Gefühle ab V. 393 heraus.

2. Ein unnahbarer Schönling, Teil 2 (met. 3, 441-473) A5

1. Übersetzen Sie den Text ins Deutsche.
2. Vergleichen Sie den Liebeskummer Echos mit dem des Narcissus. Interpretieren Sie anschließend die Rolle von Widerhall und Widerspiegelung.
3. Analysieren Sie arbeitsteilig, wie Ovid die hier vorliegende Rede des Narcissus metrisch und stilistisch gestaltet (Verse 441-452, Verse 453-462, Verse 463-473).
4. Studieren Sie unter Einbezug Ihrer Ergebnisse einen skandierten, sinnstiftenden Lesevortrag der Verse 441-462 oder der Verse 453-473 ein und präsentieren Sie ihn vor Ihrem Kurs.
5. Schon als kleines Kind war Narcissus außergewöhnlich schön. Seine Mutter befragte den Seher Tiresias, ob ihrem Sohn über sein gutes Aussehen hinaus auch ein langes Leben bestimmt sei. Daraufhin orakelte dieser: *si se non noverit*. Übersetzen Sie diesen Spruch und deuten Sie ihn.
6. Charakterisieren Sie die Eigenliebe des Narcissus und vergleichen Sie sie mit der unten abgedruckten Aufforderung zur Selbstliebe aus einer populären Frauenzeitschrift. Nehmen Sie Stellung zum Inhalt der modernen Aufforderung zur Selbstliebe samt Motivationsübung.

Lieben Sie sich selbst:

Damit ist nicht gemeint, dass Sie selbstgefällig durchs Leben gehen sollen, das schreckt alle nur ab. Wichtig ist aber, dass Sie sich selbst mögen und gut zu sich sind. Nur dann sind Sie auch fähig, Ihren Mitmenschen mit Respekt und Charme zu begegnen. Stehen Sie zu Ihren Stärken und Schwächen, das hilft, Mitgefühl für andere zu entwickeln. Menschen mit Ecken und Kanten wirken außerdem anziehender als Perfektionisten.

So motivieren Sie sich selbst: Stellen Sie sich, bevor Sie morgens aus dem Haus gehen, vor den Spiegel. Starten Sie jeden Tag mit einem Lächeln und sagen Sie sich: So wie ich bin, bin ich genau richtig. Mit der Zeit wird das Lächeln sich auch nach innen kehren, Ihre Augen werden strahlen und die anderen lächeln zurück.

aus: »Bild der Frau *Schlank und fit*«, Nr. 2/2013, S. 24.

2. Ein unnahbarer Schönling, Teil 2 (met. 3, 441-473) T5

Mit seinem Aussehen bricht Narcissus nicht nur Echos Herz, sondern auch das anderer Wasser- und Bergnymphen. Ebenso verschmäht er Männer, von denen einer ihn schließlich verflucht, dass er selber die Qualen einer unerwiderten Liebe zu spüren bekommen soll … Rhamnusia, die Göttin der Vergeltung, erhört diesen Fluch. Und so begegnet Narcissus eines Tages der Liebe seines Lebens, als er an einer idyllischen Quelle rastet und im Wasser einen hinreißenden jungen Mann erblickt. Er versteht nicht, dass es sich nur um sein Spiegelbild handelt, und blickt ohne Gedanken an Nahrung oder Schlaf fortwährend ins Wasser …

441 Ad circumstantes tendens sua bracchia[1] silvas

»Ecquis[2], io[3] silvae, crudelius« inquit »amavit?

Scitis enim et multis latebra[4] opportuna fuistis.

Ecquem[5], cum vestrae tot agantur saecula vitae,

445 qui sic tabuerit[6], longo meministis in aevo[7]?

Et placet et video; sed quod videoque placetque,

non tamen invenio.« – tantus tenet error[8] amantem –

»Quoque[9] magis doleam: nec nos mare separat[10] ingens

nec via nec montes nec clausis moenia portis.

450 Exigua[11] prohibemur aqua! Cupit ipse teneri:

nam quotiens liquidis porreximus oscula lymphis[12],

hic totiens[13] ad me resupino[14] nititur ore.

Posse putes tangi. Minimum est, quod amantibus obstat[15].

Quisquis es, huc exi! Quid me, puer unice[16], fallis

455 quove petitus abis? Certe nec forma nec aetas

est mea, quam fugias, et amarunt[17] me quoque nymphae[18]!

---

1 **bracchium**, ī *n.*: Unterarm
2 **ecquis**: jemand
3 **iō** *(hier: Interjektion bei Schmerz)*: ach!
4 **latebra**, ae *f.*: Versteck
5 **ecquem**: *Akk. zu* ecquis; *davon abhängig ist der mit* quī *beginnende Attributsatz*
6 **tābēscere**, tābēscō, tābuī: vergehen, sich verzehren
7 **aevum**, ī *n.*: Zeit, Zeitraum
8 **error**, ōris *m.*: Irrtum; Verblendung; Wahnwitz
9 **quōque**: quō = ut eō
10 **sēparāre**: trennen
11 **exiguus**, a, um: klein
12 **liquidīs porrēximus** *(Pluralis maiestatis)* **ōscula lymphīs**: ich habe den fließenden klaren Wassern Küsse dargereicht
13 **totiēns**: so oft
14 **resupīnus**, a, um: zurückgebeugt
15 **obstāre**: im Weg stehen
16 **ūnicus**, a, um: einzigartig
17 **amārunt** = amāvērunt
18 **nympha**, ae *f.*: Nymphe

Spem mihi nescio quam[19] vultu promittis amico[20],

cumque ego porrexi tibi bracchia[1], porrigis[21] ultro,

cum risi, adrides. Lacrimas quoque saepe notavi[22]

460 me lacrimante[23] tuas; nutu[24] quoque signa remittis

et, quantum motu formosi[25] suspicor oris,

verba refers aures non pervenientia nostras!

Iste ego sum! Sensi – nec me mea fallit imago.

Uror[26] amore mei[27]: flammas moveoque feroque[28].

465 Quid faciam? Roger anne rogem? Quid deinde rogabo?

Quod cupio, mecum est. Inopem[29] me copia fecit.

O utinam a nostro secedere[30] corpore possem!

Votum[31] in amante novum: vellem, quod amamus, abesset[32].

Iamque dolor vires adimit[33], nec tempora vitae

470 longa meae superant[34], primoque exstinguor in aevo[35].

Nec mihi mors gravis est posituro morte dolores.

Hic, qui diligitur, vellem diuturnior[36] esset[37].

Nunc duo concordes[38] anima moriemur in una.«

---

19 spem … nescio quam: irgendeine Hoffnung, wer weiß welche Hoffung
20 amīcus, a, um: freundlich
21 porrigere, rigō, rēxī, rēctum: hinstrecken
22 notāre: bemerken
23 lacrimāre: weinen
24 nūtus, ūs *m.:* Nicken
25 fōrmōsus, a, um: formvollendet, schön
26 ūrere: (ver)brennen
27 *meī: Genitivus obiectivus*
28 movēre + ferre: *hier im Sinne von* Verursacher und zugleich Leidtragender sein
29 inops, opis: arm, mittellos
30 sēcēdere ā: weggehen von, sich trennen von
31 vōtum, ī *n.:* Wunsch
32 *lies:* vellem, ut abesset, quod amāmus
33 adimere: wegnehmen, rauben
34 superāre: *hier:* verbleiben, übrig bleiben
35 aevum, ī *n.:* Lebensabschnitt
36 diuturnus, a, um: langlebig
37 *lies:* vellem, ut hic, quī dīligitur, diuturnior esset
38 concors, ordis: einträchtig, einig

3. Todesursache Eigenliebe (met. 3, 474-510) T5

Dixit et ad faciem¹ rediit male sanus² eandem

475 et lacrimis turbavit aquas, obscuraque moto

reddita forma lacu est. Quam cum vidisset abire,

»Quo refugis? Remane nec me, crudelis, amantem

desere!« clamavit. »Liceat, quod tangere non est³,

adspicere⁴ et misero praebere alimenta⁵ furori!«

480 Dumque dolet, summa vestem deduxit ab ora⁶

nudaque marmoreis percussit pectora palmis⁷.

Pectora traxerunt roseum percussa ruborem⁸,

non aliter quam poma⁹ solent, quae candida¹⁰ parte,

parte rubent¹¹, aut ut variis solet uva racemis¹²

485 ducere purpureum nondum matura colorem¹³.

Quae simul adspexit liquefacta¹⁴ rursus in unda,

non tulit ulterius¹⁵, sed ut intabescere¹⁶ flavae

igne levi cerae¹⁷ matutinaeque pruinae¹⁸

sole tepente¹⁹ solent, sic attenuatus²⁰ amore

490 liquitur²¹ et tecto paulatim carpitur²² igni.

Et neque iam color est mixto candore rubori²³,

nec vigor²⁴ – et vires et, quae modo visa placebant –

nec corpus remanet, quondam quod amaverat Echo.

1 faciēs, ēī *f.*: Gesicht
2 male sānus, a, um: verwirrt
3 est: *hier:* es ist möglich
4 adspicere (= aspicere, spiciō, spēxī, spectum): anschauen
5 alimentum, ī *n.*: Nahrung
6 summā ab ōrā: vom obersten Saum her
7 nūdaque marmoreīs percussit pectora *(dicht. Pl.)* palmīs: und schlug auf die nackte Brust mit marmorbleichen Händen ein
8 pectora trāxērunt roseum percussa rubōrem: die geschlagene Brust wurde rosarot (»nahm eine rosenfarbene Röte an«)
9 pōmum, ī *n.*: Obstfrucht, Baumfrucht (z. B. Kirsche)
10 candidus, a, um: weiß; *ergänze hier:* sunt
11 rubēre: rot sein
12 variīs ... ūva (ae *f.*) racēmīs: ein Weinstock mit bunten Beeren
13 dūcere purpureum ... colōrem: eine dunkelrote Farbe annehmen

14 liquefacere, faciō, fēcī, factum: *hier:* glätten
15 ulterius *(Adv.)*: weiter
16 intābēscere: schmelzen
17 flāvae ... cērae (cera, ae *f.*) *(dicht. Pl.)*: gelbes Wachs
18 mātūtīnaeque pruīnae (pruīna, ae *f.*): morgendliche Raureiftropfen
19 tepēns, ntis: warm
20 attenuātus, a, um: abgeschwächt, matt
21 liquī: schmelzen, flüssig sein
22 carpere: *hier:* verzehren
23 et neque iam color est mixtō candōre rubōrī: und seine Hautfarbe ist nicht mehr weiß-rot gemischt
24 vigor, ōris *m.*: Lebenskraft

Echo muss traurig-grollend den langsamen Tod ihres Ersehnten mit ansehen. Ihr bleibt nur, Narcissus widerhallend in den Tod zu begleiten, indem sie auch jetzt noch seinen letzten Gruß an sich selbst mit »vale!« beantwortet. Während Narcissus bereits im Unterweltsfluss Styx sein Spiegelbild weiter betrachtet, treffen Echo und andere Nymphen in der Oberwelt Vorbereitungen für das Begräbnis des Leichnams. Doch plötzlich können sie diesen nicht mehr finden …

Nusquam[25] corpus erat; croceum pro corpore florem[26]

inveniunt foliis medium cingentibus albis[27].

25 **nusquam:** nirgendwo
26 **croceus flōs** (flōris *m.*): eine safrangelbe Blume
27 **folium** (ī *n.*) **album:** weißes Blatt

3. Todesursache Eigenliebe (met. 3, 474–510)   A5

1. Übersetzen Sie den Text ins Deutsche und gestalten Sie Ihre Übersetzung mit Illustrationen aus (Zeichnungen, Druckbilder u. ä.).
2. Untersuchen Sie mithilfe Ihrer illustrierten Übersetzung die von Ovid hier verwendete Bildsprache (Vergleiche, Metaphern). Erörtern Sie, inwiefern die Narzissenblume als Metapher für Narcissus gedeutet werden kann.
3. Vergleichen Sie die Metamorphose von Narcissus und Echo und belegen Sie die Wandlungsschritte mit lateinischen Zitaten. Vergleichen Sie anschließend die Gefühle beider gegenüber dem unerreichten Geliebten nach der Verwandlung.
4. Interpretieren Sie die intendierte Funktion und Leserwirkung sowohl der Narcissus- als auch der Echo-Metamorphose, und zwar vor allem innerhalb des konkreten erzählerischen Rahmens und im literarischen Kontext.
5. Nennen Sie die wesentlichen Merkmale für Narzissmus a) im allgemeinen Sprachgebrauch und b) in der Psychologie (narzisstische Persönlichkeitsstörung). Arbeiten Sie heraus, welche Elemente des Mythos sich in diesen beiden modernen Definitionen wiederfinden.
6. Ergänzen Sie Ihre Vokabel-Mindmaps sowie Ihr *Metamorphosen*-Wiki mit Schlagwörtern aus der Episode von Narcissus und Echo.
7. Untersuchen Sie die Erzählperspektive der Episode von Narcissus und Echo anhand der Vorlage auf S. 18.
8. Gestalten Sie in Gruppen Rollenkarten für eine TV-Talkshow zum Thema »Fördert Facebook Narzissmus?« (Mögliche Rollen wären z. B. Journalist einer bekannten Tageszeitung, jugendliche Nutzer sozialer Netzwerke, ein Elternteil der Jugendlichen, Lehrer, Pastor, Jury-Mitglied einer Talentshow, Sänger einer erfolgreichen Band, Psychologe, Moderator, Live-Anrufer.)
9. Erörtern Sie ausgehend von dem folgenden Online-Artikel zunächst innerhalb Ihrer Gruppe im Rollenspiel das Thema der Show. Präsentieren Sie anschließend Ihre Show vor dem Kurs.
10. Nehmen Sie abschließend persönlich Stellung zum Thema.

3. Todesursache Eigenliebe

M5

Facebook bereitet Boden für Narzissmus

Narzissten verwenden Facebook, um sich selbst als besonders darzustellen. Das Thema Selbstverliebtheit unter Personen der »Generation Me«, also jene, die zwischen 1980 und 1990 geboren wurden, ist seit Längerem in Diskussion.

Narzissmus: Facebook stärkt Selbstverliebtheit

Mehrere Studien belegen, dass diejenigen, die bei Fragebögen über Narzissmus eine hohe Punktezahl erreichen, auch mehrere Freunde auf der Plattform haben. Sie markieren sich selbst außerdem häufiger auf Fotos und verändern permanent ihren Status.

Wettbewerbsdenken angekurbelt

»Es gibt zwei Funktionen, die über Facebook ermöglicht werden. Einerseits die Selbstdarstellung und andererseits, sich mit Freunden und Bekannten zu verbinden und das Leben zu teilen«, stellt Psychotherapeut Martin Gostentschnig im Gespräch mit *pressetext* fest. Ein Narzisst würde die Plattform hauptsächlich dazu nutzen, um sich selbst darzustellen beziehungsweise sich über andere zu stellen. »In diesem Fall bekommt Facebook einen kompetitiven Charakter«, ergänzt er. Narzissten hätten jedoch ein geringes Selbstwertgefühl und versuchen mit Hilfe des Netzwerkes sich »übergrößert« zu zeigen und andere davon zu überzeugen, dass sie wertvoller seien. Sie würden demnach dieses Image, zum Beispiel über die hohe Anzahl ihrer virtuellen Freunde, vortäuschen.

Schnelllebigkeit verringert soziale Kontakte

»Wenn man die letzten drei Jahrzehnte vergleicht, merkt man, dass sich das Lebenstempo immer mehr verändert hat«, so der Therapeut. Dies sei in Bezug auf die Schnelllebigkeit und technische Revolution beobachtbar, aber auch im familiären Umkreis. »Die Zeit, die man miteinander innerhalb der Familie verbringt, hat abgenommen. Nicht weil man nicht will, sondern weil die Zeit für zwischenmenschliche Beziehungen immer weniger wird«, erläutert Gostentschnig. In Familien stehe weniger Zeit für einander zur Verfügung, ohne jegliche Ablenkung von Fernseher oder Computer. Hier sei wichtig, das Ausmaß des benutzten Mediums richtig einzuteilen. »Die Verantwortung für einen guten Umgang mit den Medien liegt auch bei den Erziehungsberechtigten, aber das ist bei der Vielfalt eine große Herausforderung«, sagt der Experte.

Quelle: www.vol.at/facebook-bereitet-boden-fuer-narzissmus/3385997http://t3.gstatic.com/images?q=tbn:ANd9GcQdiwfsDlmrVxZ1tc90sZfG2PV_5tw_Mc6VuFCwPLw9pjNi6Q-ZBA

Die lykischen Bauern: Kein Akt von Menschlichkeit (met. 6, 339-381)   T6

Sowohl vor als auch nach der Geburt ihrer von Iuppiter stammenden Kinder befindet sich Latona auf steter Flucht vor der eifersüchtigen Iuno, deren Zorn und Rache für Iuppiters Ehebruch sie fürchtet. So kommt sie mit ihren beiden Säuglingen auf dem Arm eines Tages nach Lykien ...

Iamque Chimaeriferae, cum sol gravis ureret arva,	Und schon **bekam** die Göttin, als die _____ Sonne die Felder verbrannte, in den Gefilden
340 finibus in Lyciae longo dea fessa labore	Lykiens, welches das Chimära-Ungetüm beheimatete, Durst, da sie von _____ erschöpft
sidereo siccata sitim collegit ab aestu.	und von der Sonnenglut ausgetrocknet war.
Uberaque ebiberant avidi lactantia nati.	Und die gierigen _____ hatten die milchspendenden Brüste leergetrunken.
Forte lacum mediocris aquae prospexit in imis	sieht sie einen **Teich von mäßigem Wasserstand** tief unten im Tal. Dort
vallibus. Agrestes illic fruticosa legebant	_____ Bauern mit Binsen buschige Weidenruten und sumpffließendes Schilfrohr.
345 vimina cum iuncis gratamque paludibus ulvam.	
Accessit positoque genu Titania terram	Die Titanentochter trat heran und **kniete sich auf die Erde**, um durstig (= **trinken wollend**) das
pressit, ut hauriret gelidos potura liquores.	kühle Nass zu schöpfen. _____ verbietet es; **zu den Verbietenden**
Rustica turba vetat; dea sic adfata vetantis:	spricht _____ wie folgt:
»Quid prohibetis aquis? Usus communis aquarum est.	»Was haltet ihr (mich) **von dem Wasser** fern? Es herrscht ein gemeinschaftlicher Gebrauch
350 Nec solem proprium natura nec aera fecit	der Gewässer. Weder die _____ noch die _____ noch die klaren
nec tenues undas: ad publica munera veni.	schuf die Natur **als Eigentum**. Ich kam zu _____. Ich habe mich **nicht daran**
Quae tamen, ut detis, supplex peto. Non ego nostros	**Um diese** bitte ich dennoch flehentlich, _____. Ich habe mich **nicht daran**
abluere hic artus lassataque membra parabam,	**gemacht**, hier unsere Gelenke und erschöpften _____ zu waschen, sondern den
sed relevare sitim. Caret os umore loquentis,	Durst zu löschen. _____ entbehrt die Feuchtigkeit **zum Reden**, und die Kehle
355 et fauces arent, vixque est via vocis in illis.	ist trocken, und in jener gibt es kaum _____.

Ein Wasserschluck **wird** mir Nektar sein, und **ich werde bekennen**, zugleich das Leben _____ accepisse simul: _____ (denn) das Leben **werdet ihr in** _____ **gegeben haben!**

Auch diese mögen euch bewegen, die in meinem Schoß ihre _____ Arme strecken!« Und per Zufall _____ die Kinder (tatsächlich gerade) ihre Arme.

Wen hätten die höflichen Worte der Göttin nicht rühren **können**?

Dennoch beharren diese darauf, die _____ fernzuhalten und fügen obendrein Drohungen, _____, und Beschimpfungen hinzu.

Und nicht genug, _____ und **mit boshaftem Gehopse** bewegten sie aus der Tiefe den weichen Schlamm **hierhin und dorthin.**

_____ den Durst, denn weder fleht die Tochter des Coeus noch weiter zu den _____, noch erträgt sie es, weiterhin **einer Göttin ungemäße Worte** (= **Worte kleiner als eine Göttin**) zu sprechen, und sagte, die Hände _____ :

»In diesem Pfuhl _____ !«

Haustus aquae mihi nectar erit, vitamque fatebor
accepisse simul: vitam dederitis in unda.

Hi quoque vos moveant, qui nostro bracchia tendunt
parva sinu!« Et casu tendebant bracchia nati.
360 Quem non blanda deae potuissent verba movere?
Hi tamen orantem perstant prohibere minasque,
ni procul abscedat, conviciaque insuper addunt.

Nec satis est, ipsos etiam pedibusque manuque
turbavere lacus imoque e gurgite mollem
365 huc illuc limum saltu movere maligno.

Distulit ira sitim; neque enim iam filia Coei
supplicat indignis nec dicere sustinet ultra
verba minora dea tollensque ad sidera palmas.

»Aeternum stagno«, dixit, »vivatis in isto!«

370 Eveniunt optata deae: iuvat esse sub undis
et modo tota cava submergere membra palude,
nunc proferre caput, summo modo gurgite nare,
saepe super ripam stagni consistere, saepe
in gelidos resilire lacus. Sed nunc quoque turpes
375 litibus exercent linguas pulsoque pudore,
quamvis sint sub aqua, sub aqua maledicere temptant.
Vox quoque iam rauca est, inflataque colla tumescunt
ipsaque dilatant patulos convicia rictus.
Terga caput tangunt, colla intercepta videntur,
380 spina viret, venter, pars maxima corporis, albet,
limosoque novae saliunt in gurgite ranae.

Und es geschieht, was die Göttin gewünscht hat: Es erfreut sie (= die Bauern)
_____ und **bald** im tiefen Sumpf alle Gliedmaßen unterzutauchen,
bald _____, **bald** an der
Wasseroberfläche zu schwimmen, oft am _____ des Teichs zu sitzen und oft in den
kalten _____ zurückzuspringen. Doch auch jetzt noch beschäftigen sie ihre **garstigen Zungen**
mit Streitigkeiten, und **ohne Scheu** versuchen sie, _____,
zu lästern, _____.
Auch ist _____ schon heiser, und die aufgeblasenen _____ schwellen
an, und das Geschimpfe selbst verbreitert die **weit offenen Mäuler.** _____,
_____ scheinen herausgenommen, **das Rückgrat** ist grün und **der**
Bauch, _____, ist weiß, und sie springen als
neu entstandene Frösche im schlammigen Wasser herum.

54 | Die lykischen Bauern

Die lykischen Bauern (met. 6, 339-381)   A6

1. Füllen Sie mithilfe des lateinischen Textes die Lücken in der Übersetzung aus und unterstreichen Sie im Lateinischen die Entsprechungen für die fett gedruckten deutschen Wörter.
2. Stellen Sie alle lateinischen Wörter aus dem Sachfeld »Wasser« in einer Mindmap zusammen.
3. Gliedern Sie den Text in inhaltlich sinnvolle Abschnitte und finden Sie jeweils passende Überschriften. Analysieren Sie auf der Basis Ihrer Ergebnisse die Struktur der Erzählung.
4. Untersuchen Sie, wie Ovid die Verse 370-381 metrisch und stilistisch gestaltet.
5. a) Nennen Sie Latonas Argumente, mit denen sie sich Zugang zum Wasser verschaffen will (V. 349-359), und nehmen Sie Stellung, inwiefern diese berechtigt sind.
   b) Beschreiben, charakterisieren und vergleichen Sie das Verhalten der Bauern vor und nach der Verwandlung.
   c) Zeigen Sie am lateinischen Text, wie sich Latonas Haltung gegenüber den Bauern im Laufe der Szene wandelt, und erklären Sie, weshalb sie sich entscheidet, die Bauern in Frösche zu verwandeln.
6. Interpretieren Sie die intendierte Funktion und Leserwirkung der Metamorphose.
7. Ergänzen Sie Ihre Vokabel-Mindmaps sowie Ihr *Metamorphosen*-Wiki mit Schlagwörtern aus der Episode von den lykischen Bauern.
8. Untersuchen Sie die Erzählperspektive der Episode von den lykischen Bauern anhand der Vorlage auf S. 18.

Die lykischen Bauern   M6

Der Frosch in der antiken Literatur

Schon Aristoteles hat die Frösche bzw. Froschlurche ausführlich behandelt und nach echten Froscharten und Krötenarten unterschieden.

Bei Plinius findet sich besonders der Laubfrosch als unheilvolles Wesen beschrieben. Meist ist in der Literatur jedoch vom Wasserfrosch die Rede, dessen auffälliges Quaken sowohl Götter als auch Menschen stört (z. B. bei Aristophanes und Horaz). Als Wetter- und Regenprophet hingegen genießt er Bewunderung (z. B. bei Plinius und in Vergils *Georgica*). Eventuell damit im Zusammenhang stehend haben die Frösche seit alters her auch einen Bezug zum wahrsagenden Gott Apoll. Dementsprechend sollen auch im Apolloheiligtum Delphi beim ältesten Schatzhaus Frösche unter einer Dattelpalme gelebt haben.

Teils finden sich Berichte über Froschplagen oder auch merkwürdige biologische Details, so bei Plinius, der den Fröschen nachsagt, sie würden aus Schlamm entstehen und darin auch Winterschlaf halten.

In der antiken Medizin galt eine mit Salz und Öl gekochte Froschbrühe als Gegenmittel gegen Schlangengift. Als Tier der Unterwelt wurde der Frosch auch als magisches, Unheil abwendendes Wesen eingesetzt, und so gab es zahlreiche Froschplastiken an Gebäuden und Geräten oder auch auf dem Siegel des berühmten Kunstförderers Maecenas. In Äsops Fabeln wird der Forsch als feige, dumm und überheblich charakterisiert.

Die lykischen Bauern

M6

9. Beschreiben Sie den Stich *Superbia* (1558) aus dem Zyklus *Die Sieben Laster* von Pieter Brueghel d.Ä. (1525–1569) und deuten Sie seine Aussage mithilfe einer Recherche der Begriffe »Superbia« und der »Sieben Todsünden«.

10. Vergleichen Sie diese Aussage mit Ihren Ergebnissen aus Aufgabe 6 und bewerten Sie, ob es sich im antiken und im mittelalterlich-frühneuzeitlichen Kontext um dasselbe Thema handelt.

Die lykischen Bauern — M6

11. Vergleichen Sie den Konflikt zwischen Latona und den lykischen Bauern mit dem Konflikt um die weltweite Trinkwasserversorgung heutzutage. Bewerten Sie die Rollen der Konfliktpartner, d. h. den Umgang der ersten und zweiten Welt mit der Trinkwassernot der Drittweltländer. Ziehen Sie dazu u. a. die Informationen in dem Artikel aus »Die Welt« heran.

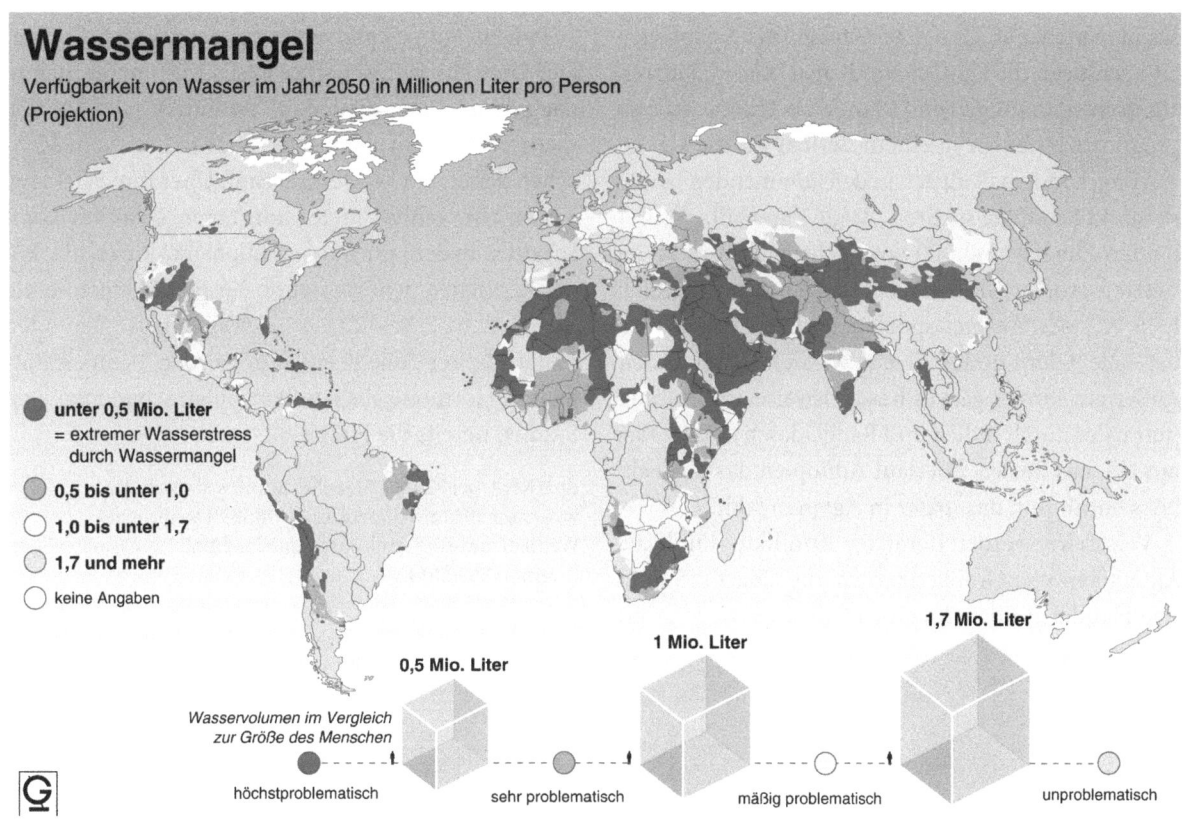

Grafik: pa

Der brutale Wettlauf um die Trinkwasserquellen

900 Millionen Menschen haben keinen Zugang zu sauberem Wasser – Folge ist ein Massensterben. In einigen Regionen drohen Kriege. Konzerne verschärfen die Lage, weil sie Wasserquellen privatisieren.

Im Jahr 2025 werden nach Schätzungen der Unesco bereits zwei Drittel der Weltbevölkerung von Wasserknappheit betroffen sein. Die Weltkarte zeigt, in welchen Regionen im Jahr 2050 die Pro-Kopf-Versorgung mit Wasser besonders kritisch sein könnte. Der Blaue Planet ist zwar zu rund 70 Prozent von Wasser bedeckt. Aber nur ganze drei Prozent davon entfallen auf Süßwasservorräte – von denen zu allem Überfluss auch noch mehr als zwei Drittel in gefrorener Form an den beiden Polkappen gebunden sind. (…)

Sauberes Trinkwasser ist seit drei Jahren ein UN-Menschenrecht, doch noch immer haben rund 900 Millionen Menschen weltweit keinen Zugang dazu. Für rund 2,5 Milliarden Menschen gibt es nach UN-Angaben auch keine sanitären Anlagen.

Um auf die Bedeutung der Ressource Wasser aufmerksam zu machen, haben die Vereinten Nationen 1993 den Weltwassertag ausgerufen, er fällt immer auf den 22. März. Doch noch immer ist Wasser in vielen Ländern rar, und vielerorts ist die Situation dramatisch. (…) »Millionen Kinder haben keine andere Wahl, als verschmutztes Wasser zu trinken – obwohl sie wissen, dass sie davon krank werden können«, sagte Model und Unicef-Botschafterin Eva Padberg. »Sauberes Wasser und Hygiene sind gerade für Kinder eine Frage von Leben und Tod.« Nach Unicef-Angaben sterben jeden Tag rund 2000 Kinder unter fünf Jahren an Durchfallerkrankungen, die fast immer durch schmutziges Trinkwasser, schwache Hygiene und fehlende Sanitäreinrichtungen verursacht werden. 99 Prozent dieser Todesfälle entfallen laut dem UN-Kinderhilfswerk auf Entwicklungsländer, vor allem Afrika und Südasien. (...)

Verständigung über Grenzen hinweg tut auch not, wie der Blick auf trockene und politisch labile Regionen zeigt. Längs des Jordan stehen heute Armeeposten. Ansprüche melden Israel, Jordanien und Palästina an – nur ein Beispiel, wie umstritten der Zugang zu Wasser in manchen Regionen bereits ist. Im vergangenen Jahr schlugen die US-Geheimdienste Alarm. Dürren, Überschwemmungen und Mangel an Trinkwasser, so prognostizierten sie in einem Bericht für die US-Regierung, könnten demnach in den kommenden Jahren verstärkt Konflikte schüren. Bei 263 grenzüberschreitenden Flüssen und 300 von mehreren Ländern genutzten großen Grundwasservorkommen eigentlich kein Wunder. Als Hot Spots identifizieren die Experten Teile Asiens und Afrikas sowie den Nahen Osten. Außer am Jordan gärt es beispielsweise am Brahmaputra, der durch Indien und Bangladesch fließt. Oder am Nil, aus dessen Oberlauf Äthiopien das kostbare Nass entnimmt, das später in Ägypten fehlt.

Verschärft werden derartige Konflikte durch die Aktivitäten von Großkonzernen, die längst schon in den Handel mit dem knappen Gut eingestiegen sind.

So machen die 64 Marken unter dem Dach von Nestle den schweizerischen Lebensmittelriesen unter anderem zum Marktführer im Wüstenstaat Saudi-Arabien. Rund um den Globus sei ein Wettlauf um die besten Quellen im Gange, mahnt Filmemacher Christian Jentzsch in seiner Dokumentation »Wem gehört das Wasser?«, die unlängst im Fernsehen zu sehen war. Die weltweite Wasserprivatisierung habe ihren Preis: In manchen Regionen sei er um bis zu 200 Prozent gestiegen.

In Mitteleuropa gibt es ganz andere Wasser-Sorgen. Der Umweltwissenschaftler Klaus Kümmerer mahnt vor zu viel Chemikalien. »Vermutlich sind bereits mehrere Tausend chemische Stoffe in dem vom Menschen genutzten Wasserkreislauf. Über ihre Wirkung wissen wir wenig«, sagte Kümmerer, Umweltwissenschaftler an der Lüneburger Leuphana Universität. Zu den Ursachen gehörten zum Beispiel Medikamente, die über Ausscheidungen ins Wasser gelangten oder einfach in der Toilette entsorgt würden. Schmerzmittel und Hormone aus Antibabypillen schädigten laut Studien bereits die Fische.

dpa/KNA/oc; 22.03.13 Quelle: http://www.welt.de/wissenschaft/umwelt/article114678603/Der-brutale-Wettlauf-um-die-Trinkwasserquellen.html
Zugriff 02.01.2014

Daedalus und Ikarus (met. 8, 183-235)
1. Heimweh macht erfinderisch (met. 8, 183-216)

Aufgrund eines Verbrechens muss der geniale Erfinder und Baumeister Daedalus von seinem Wohnort Athen fliehen. Er findet mit seinem Sohn Ikarus auf Kreta Unterschlupf, wo er eine neue Existenz gründen kann und sehr erfolgreich seinem Beruf als Architekt und Künstler nachgeht. Für den kretischen König Minos errichtet er u. a. das berühmte Labyrinth des Minotaurus. Als es Daedalus schließlich auf Kreta nicht länger gefällt und ihn das Heimweh packt, verweigert ihm Minos die Ausreise.

Daedalus interea Creten[1] longumque perosus[2]

exilium tactusque loci natalis[3] amore

185 clausus erat pelago[4]. »Terras licet[5]« inquit »et undas

obstruat[6]. At caelum certe patet. Ibimus illac[7].

Omnia possideat, non possidet aera Minos!«

Dixit et ignotas animum dimittit in artes

naturamque novat[8]. Nam[9] ponit in ordine pennas

190 a minima coeptas, longam breviore sequenti,

ut clivo crevisse putes; sic rustica quondam

fistula disparibus paulatim surgit avenis.

Tum[10] lino medias et ceris alligat imas

atque ita conpositas parvo curvamine flectit,

195 ut veras imitetur aves. Puer Icarus una[11]

stabat et, ignarus sua se tractare pericla[12],

ore renidenti[13] modo, quas vaga[14] moverat aura,

---

1 **Crētē**, Akk. *(griech.)* Crētēn: Kreta

2 **perōsus**, a, um *(mit Akk.):* voll Hass gegen, überdrüssig

3 **nātālis**, e: Geburts-

4 **pelagus**, ī m.: Meer

5 **terrās licet**: *lies:* licet ut terrās

6 **obstruere**: versperren *(Subjekt ist hier Minos)*

7 **illāc** *(Adv.):* dorthin

8 **novāre**: neu erschaffen

9 **Nam pōnit ... avenīs**: Denn er sortiert die Federn, begonnen von der kleinsten, (und zwar jeweils) eine lange neben eine folgende kürzere, so dass man meinte, (sie) seien zu einer Abschrägung angewachsen; ebenso steigt zuweilen die Panflöte allmählich mit ungleich langen Rohren an.

10 **Tum līnō ... avēs**: Dann befestigt er (die Federn) in der Mitte mit einer Schnur und am unteren Ende mit Wachs, und so zusammengefügt biegt er sie mit einer leichten Krümmung, um echte Vögel nachzuahmen.

11 **ūnā**: *hier:* daneben

12 **sua tractāre perīcla** (= perīcula): mit den eigenen Gefahren spielen

13 **renīdēre**: vor Freude strahlen

14 **vagus**, a, um: flüchtig, vorbeischweifend

captabat plumas[15], flavam modo pollice ceram

mollibat[16] lusuque[17] suo mirabile patris

200 impediebat opus. Postquam manus ultima coepto[18]

inposita[19] est, geminas[20] opifex libravit in alas

ipse suum corpus motaque pependit in aura.

Instruit et natum »Medio« que »ut limite[21] curras,

Icare,« ait »moneo, ne, si demissior[22] ibis,

205 unda gravet pennas[23]; si celsior[24], ignis adurat[25].

Inter utrumque vola! Nec te spectare Booten[26]

aut Helicen[27] iubeo strictumque Orionis ensem[28].

Me duce carpe[29] viam!« Pariter praecepta[30] volandi

tradit et ignotas umeris accommodat alas[31].

210 Inter[32] opus monitusque genae maduere seniles,

et patriae tremuere[33] manus. Dedit oscula[34] nato

non iterum repetenda suo pennisque levatus[35]

ante volat comitique timet, velut ales[36], ab alto

quae teneram prolem[37] produxit in aera nido[38],

215 hortaturque sequi damnosasque erudit artes[39]

et movet ipse suas et nati respicit alas[40].

15 captāre plūmās: nach den Flaumfedern haschen
16 mollīre: weich machen
17 lūsus, ūs *m.*: Spiel, Scherz
18 coeptum, ī *n.*: Beginnen, Vorhaben
19 inposita = imposita
20 geminās ... aurā: schwang der Werkmeister seinen Körper in das Flügelpaar und schwebte durch seinen Flügelschlag in der Luft (= schwebte in der bewegten Luft)
21 līmes, itis *m.*: Weg, Bahn
22 dēmissior, ius: tiefer, zu tief
23 gravāre pennās: die Federn schwer machen
24 celsior, ius: höher, zu hoch
25 adūrere: versengen
26 Boōtēs, is *m.* (*Akk.* Boōtēn): Ochsentreiber, Ochsenhirt (= *Sternbild nördlich des Himmelsäquators*)
27 Helicē, ēs *f.* (*Akk.* Helicēn): Großer Bär (= *Sternbild des Nordhimmels*)
28 strictus Ōrīonis ēnsis (is *m.*): das gezückte Schwert des Orion (Ōrīōn, onis *m.*: *Sternbild auf dem Himmelsäquator*)
29 carpere viam: die Bahn durchfliegen
30 praeceptum, ī *n.*: Regel, Vorschrift
31 accommodāre ālās: die Flügel anpassen
32 Inter ... senīlēs: Während der Arbeit und den Ermahnungen wurden die greisen Wangen feucht, ...
33 tremere, tremō, tremuī: zittern
34 ōsculum, ī *n.*: Kuss
35 pennīs levātus: durch die Federn emporgehoben
36 āles, itis *f.*: Vogel
37 tenera prōlēs (is *f.*): die junge Brut
38 nīdus, ī *m.*: Nest
39 damnōsās ērudīre artēs: die verhängnisvollen Künste lehren
40 āla, ae *f.*: Flügel

1. Heimweh macht erfinderisch (met. 8, 183–216) A7

1. Zum Einstieg in das Thema beschreiben Sie, wann Heimweh entsteht und welche psychologischen Vorgänge es auslösen kann. Nennen Sie ferner Strategien, wie die Betroffenen die Krise bewältigen können. Nehmen Sie – falls vorhanden – auch Bezug auf Ihre eigenen Erfahrungen.
2. Lesen Sie oben die Einleitung zum lateinischen Text und diskutieren Sie Optionen, wie Daedalus seine Situation lösen kann.
3. Übersetzen Sie den Text ins Deutsche.
4. Charakterisieren Sie Daedalus und Ikarus in der vorliegenden Szene und zitieren Sie dabei die entsprechenden lateinischen Textstellen.
5. a) Beschreiben Sie das linke Bild von Frederic Leighton (1830–1896) und das rechte Bild von Joseph-Marie Vien (1716–1809) und vergleichen Sie in beiden Gemälden die Charakterisierung des Daedalus und des Ikarus sowie die Darstellung ihres Verhältnisses zueinander. Berücksichtigen Sie dabei u. a. die Körperhaltungen.
   b) Erörtern Sie anschließend, welches Bild das vorliegende Textexzerpt besser illustriert. Begründen Sie Ihre Wahl dabei auch mit lateinischen Textzitaten.

2. Gleich den Göttern ... und doch sterblich (met. 8, 217-235) T7

Hos[1] aliquis, tremula dum captat harundine pisces[2],

aut[3] pastor baculo stivave innixus arator

vidit et obstipuit[4], quique aethera carpere[5] possent,

220 credidit esse deos. Et iam Iunonia laeva[6]

parte Samos[7] (fuerant Delosque Parosque[8] relictae)

dextra Lebinthos erat fecundaque melle Calymne[9],

cum puer audaci[10] coepit gaudere volatu[11]

deseruitque ducem caelique cupidine[12] tractus

225 altius egit iter. Rapidi[13] vicinia[14] solis

mollit odoratas, pennarum[15] vincula, ceras[16].

Tabuerant cerae: Nudos quatit ille lacertos[17],

remigioque[18] carens non ullas percipit[19] auras,

oraque caerulea patrium clamantia nomen

230 excipiuntur aqua[20], quae nomen traxit ab illo.

At pater infelix, nec iam pater, »Icare,« dixit,

»Icare,« dixit »ubi es? Qua te regione requiram?«

›Icare‹ dicebat: pennas aspexit in undis

devovitque[21] suas artes corpusque sepulcro[22]

235 condidit, et tellus[23] a nomine dicta sepulti[24].

---

1 hōs: *bezogen auf die beiden »Flieger«, Objekt zu* vīdit

2 tremulā harundine captāre piscēs: mit zitternder Angelrute Fische fangen

3 aut ... arātor: entweder ein auf seinen Stab gelehnter Hirte oder ein auf den Führungsgriff gestützter Pflüger

4 obstipēscere, stipēscō, stipuī: ins Staunen geraten

5 aethera carpere: den Himmel/die Göttersphäre durchfliegen

6 laevus, a, um: links

7 Iūnōnia Samos: das der Iuno heilige Samos (eine ägäische Insel)

8 Dēlosque Parosque: sowohl Delos als auch Paros (*ägäische Inseln*)

9 Lebinthos ... fēcundaque melle Calymnē: Lebinthos und das an Honig reiche Calymne (*ägäische Inseln*)

10 audāx, ācis: waghalsig, kühn, furchtlos

11 volātus, ūs *m.*: Flug

12 cupīdō, inis *f.*: Verlangen

13 rapidus, a, um: verzehrend, glühend

14 vīcīnia, ae *f.*: Nachbarschaft, Nähe

15 penna, ae *f.*: Feder

16 mollīre odōrātas cērās *(dicht. Pl.)*: das duftende Wachs weich machen

17 quatere lacertōs: *hier:* mit den Armen rudern

18 rēmigium, ī *n.*: Ruder

19 percipere: (für den Auftrieb) zu fassen bekommen

20 caeruleā aquā: vom dunkelblauen Wasser

21 dēvovēre, voveō, vōvī: verfluchen

22 sepulcrum, ī *n.*: Grab

23 tellūs, ūris *f. (dicht.)*: Erde

24 sepelīre, sepeliō, sepelīvī, sepultum: begraben

2. Gleich den Göttern ... und doch sterblich (met. 8, 217–235)A7

1. Übersetzen Sie den Text ins Deutsche.
2. a) Gliedern Sie die Textstücke 1 und 2 und geben Sie jedem Abschnitt eine Überschrift.
   b) Untersuchen Sie anschließend die dramatische Struktur der Episode.
3. Gestalten Sie einen inneren Monolog, in dem Ikarus die Eindrücke und Ereignisse von V. 217–227 (bis *tabuerant cerae*) durchlebt.
4. Begründen Sie im Rahmen einer Debatte angelsächsischen Stils, ob Daedalus hier grob fahrlässig und risikoreich gehandelt hat (Anleitung S. 64). Erörtern Sie dabei besonders, inwiefern Daedalus hätte vorhersehen müssen, dass sein Sohn die erteilten Flugregeln (vgl. V. 203–216) missachten würde.
5. Beurteilen Sie aufgrund Ihrer Debatte, ob der bekannte französische Karikaturist Honoré Daumier in seiner Interpretation des Mythos zu weit geht, wenn er in »La Chute d'Icare« (1842) den gefühllosen Techniker Daedalus seinen Sohn gleichsam als ›Testpiloten‹ benutzen lässt.
6. Arbeiten Sie heraus, welche Metamorphosen in der Episode von Daedalus und Ikarus enthalten sind. Untersuchen Sie die zentralen Themen und Motive und beurteilen Sie, welche davon Sie am wichtigsten finden. Berücksichtigen Sie dabei neben der Vater-Sohn-Beziehung auch das menschliche Verlangen nach Freiheit sowie das Versagen einer Meister-Erfindung als Hinweis auf *superbia*. Gestalten Sie auf dieser Grundlage eine szenische Adaptation des Mythos in einem zeitgenössischen Kontext (z. B. als Theatersketch oder als Podcast).
7. Ergänzen Sie Ihre Vokabel-Mindmaps sowie Ihr *Metamorphosen*-Wiki mit Schlagwörtern aus der Episode von Daedalus und Ikarus.
8. Untersuchen Sie die Erzählperspektive der Episode von Daedalus und Ikarus anhand der Vorlage auf S. 18.

Honoré Daumier, *Der Sturz des Ikarus*
(Begleittext des Künstlers in deutscher Übersetzung: Während die Sonne ihm die Flügel verbrannte, sagte sein Vater, der alte Halunke und Schöpfer dieses Geräts, da er ihn aus den himmlischen Gewölben fallen sah: »Wahrlich, das [Gerät] taugt nichts!«)

2. Gleich den Göttern ... und doch sterblich M7

Debatte

1. Bilden Sie vier Debattiergruppen. Die These als Debattier-Vorgabe lautet: »Daedalus hat grob fahrlässig und risikoreich gehandelt.«
2. Ziehen Sie je ein Los pro Gruppe, das Ihnen zuteilt, wie viele Minuten Ihr Debattierbeitrag lang sein darf und ob Sie jeweils für oder wider die These debattieren müssen.
3. Sammeln Sie gemeinsam so viele Argumente wie möglich, die entsprechend Ihrem Los entweder für oder wider die These sprechen. (Ihre persönliche eigene Meinung ist erst später gefragt!).
4. Ordnen Sie mit Ihrer Gruppe Ihre Argumente ihrer Bedeutung nach in einer Rangliste, wobei das wichtigste Argument an erster Stelle steht und die jeweils weniger wichtigen Argumente darunter aufgeführt sind.
5. Wählen Sie einen Sprecher und einen Zeitwächter für Ihre Gruppe und trainieren Sie eine Kurzrede (zur Redezeit s. u. Punkt 6–9). Geben Sie dabei einander Tipps zur sprachlich-stilistischen Gestaltung sowie zur Körpersprache und Stimmführung.
6. Der Sprecher der 1. Gruppe beginnt nun die Debatte, indem er die These mit seinem Debattierbeitrag *unterstützt* (Redezeit: 4 Minuten). Der Zeitwächter stoppt die Zeit und gibt nach Ablauf ein »Time Out«-Zeichen.
7. Der Sprecher der 2. Gruppe *widerspricht* anschließend der These (Redezeit: 4 Minuten). Der Zeitwächter stoppt die Zeit und gibt nach Ablauf ein »Time Out«-Zeichen.
8. Der Sprecher der 3. Gruppe *unterstützt* die These erneut (Redezeit: 2 Minuten). Der Zeitwächter stoppt die Zeit und gibt nach Ablauf ein »Time Out«-Zeichen.
9. Der Sprecher der 4. Gruppe wiederum *widerspricht* der These (Redezeit: 2 Minuten). Der Zeitwächter stoppt die Zeit und gibt nach Ablauf ein »Time Out«-Zeichen.
10. *ACHTUNG*: Das Publikum darf während eines Redevortrages jederzeit die Hand heben, um einen Einwand vorzubringen oder um eine Frage zu stellen. Der Sprecher darf dann den Einwand mit dem Satz »*Sententiam dicere licet!*« zulassen oder mit »*Tace, quaeso.*« ablehnen.
11. Geben Sie ein abschließendes Votum ab, welche Seite ihre Argumente am überzeugendsten vertreten hat. Diese Seite hat gewonnen!
12. Tauschen Sie nun Ihre persönlichen Meinungen zur These aus.

Epilog: Dichtung im Wandel der Zeit (met. 15, 871-879)   T8

Iamque opus exegi, quod nec Iovis[1] ira nec ignis

nec poterit ferrum[2] nec edax abolere[3] vetustas[4].

Cum volet, illa dies, quae nil nisi corporis huius

ius habet, incerti spatium mihi finiat[5] aevi[6]:

875 parte tamen meliore mei super alta perennis[7]

astra[8] ferar, nomenque erit indelebile[9] nostrum,

quaque[10] patet domitis[11] Romana potentia terris,

ore legar populi, perque omnia saecula fama,

siquid habent veri vatum[12] praesagia[13], vivam.

1 **Iovis:** *Genitiv zu* Iuppiter
2 **ferrum,** ī *n.: (metonymisch)* Schwert, Krieg
3 **abolēre:** vernichten
4 **edāx vetustās,** edācis vetustātis *f.:* »das gefräßige Alter«, der Zahn der Zeit
5 **fīnīre:** *Verb zu* finis
6 **aevum,** ī *n.:* Lebensspanne
7 **perennis,** -e: ewig(lebend)
8 **astrum,** ī *n.:* Stern
9 **indēlēbilis,** -e: unauslöschlich, unvergänglich
10 **quā:** soweit
11 **domāre,** domuī, domitum: zähmen, unterwerfen
12 **vātēs,** is *m./f.:* Prophet, Seher; Sänger, Dichter
13 **praesāgium,** ī *n.:* Vorahnung, Vorhersagung

Epilog: Dichtung im Wandel der Zeit (met. 15, 871-879)   A8

1. Übersetzen Sie den Text ins Deutsche.
2. Stellen Sie alle Ausdrücke aus dem Epilog zu den Sachfeldern »Unwandelbarkeit/Ewigkeit« und »Wandelbarkeit/Vergänglichkeit« zusammen und fügen Sie sie in die lektürebegleitende Mindmap ein, die Sie bei der Behandlung des Proömiums begonnen haben.
3. Gliedern Sie anschließend den Epilog auf Grundlage der Verwendung dieser Sachfelder und arbeiten Sie Bezüge zum Proömium heraus.
4. Untersuchen Sie, inwiefern der Epilog als Metamorphose gedeutet werden kann. Definieren Sie dabei auch die Bedeutung von *parte meliore mei* in V. 875.
5. Nehmen Sie Stellung, inwiefern Ovid im Epilog zu den *Metamorphosen*, den er vermutlich erst nach dem Relegationsurteil des Augustus verfasste, eine politische Aussage intendiert.
6. »*per omnia saecula vivere*«:
   a) Diskutieren Sie, weshalb es für einige Menschen wichtig ist, etwas Bleibendes von sich zu hinterlassen, und wie man dies in unserem Kulturkreis heutzutage nachhaltig erreichen kann.
   b) Erörtern Sie im Rahmen einer Talkshow zum Thema »Auf immer und ewig – unsere Daten im Netz«, welche Möglichkeiten das Internet bietet, um Bleibendes von sich zu hinterlassen, welche Vor- und Nachteile aber auch Datenspeicherungen haben. Verfassen Sie dazu in Gruppen Rollenkarten zu je einem Schauspieler, Sänger/Musiker, Politiker, Bischof oder Philosophen, Polizisten, Schüler und Talkmaster. Bereiten Sie Ihre Talkshow zunächst in Ihrer Gruppe vor und präsentieren Sie sie dann Ihrem Kurs.
7. Vervollständigen Sie Ihre Vokabel-Mindmaps sowie Ihr *Metamorphosen*-Wiki mit Schlagwörtern aus dem Epilog.
8. Untersuchen Sie die Erzählperspektive im Epilog anhand der Vorlage auf S. 18.

Wandel-Zitate

1. *Think:* Deuten und bewerten Sie zunächst im Stillen für sich die Aussagen in den Zitaten zum Thema »Wandel«. Wählen Sie ein Zitat aus, das sich in Ihren Augen als Fazit von Ovids *Metamorphosen* eignet.
2. *Pair:* Vergleichen Sie mit einem Gesprächspartner Ihre Gedankenergebnisse.
3. *Share:* Vergleichen Sie Ihre Gesprächsergebnisse mit dem gesamten Kurs.

Alles fließt. [*griechisch:* »Panta rhei.«]
Heraklit von Ephesus

Beachte immer, dass nichts bleibt, wie es ist, und denke daran,
dass die Natur immer wieder ihre Formen wechselt.
Marc Aurel

Nichts in der Geschichte des Lebens ist beständiger als der Wandel.
Charles Darwin

Veränderung ist das Salz des Vergnügens.
Friedrich von Schiller

Leben bedeutet Veränderung.
unbekannt

Die Zeit verwandelt uns nicht, sie entfaltet uns nur.
Max Frisch

Je mehr sich etwas verändert, desto mehr bleibt es sich gleich. [Plus ça change, plus c'est la même chose.]
Jean-Baptiste Alphonse Karr

Wenn wir wollen, dass alles so bleibt, wie es ist, dann müssen wir alles ändern!
Giuseppe Tomasi di Lampedusa

Sei du selbst die Veränderung, die du dir wünschst für diese Welt.
Mahatma Gandhi

Viele kleine Leute an vielen kleinen Orten, die viele kleine Schritte tun,
können das Gesicht der Welt verändern.
Sprichwort aus Afrika

Es gehört mehr Mut dazu, seine Meinung zu ändern, als ihr treu zu bleiben.
Christian Friedrich Hebbel

Die Flucht vor dem Risiko des Wandels bedeutet Flucht vor Selbstständigkeit
und unternehmerischer Freiheit.
Hartmut Haubrich, Vorsitzender des Beirates von ElectronicPartner

Mächtige Kräfte erschüttern und gestalten sie um, unsere Welt, und die brennende Frage unserer Zeit lautet,
ob wir den Wandel zu unserem Freund statt zu unserem Feind machen können.
Bill Clinton, 42. Präsident der USA

Ein Professor händigte die Unterlagen für das Abschlussexamen aus und verursachte einige Verwirrung
bei den Studenten. Einer von ihnen sprang auf und rief aufgeregt: »Aber, Herr Professor, das sind ja
die gleichen Fragen, die Sie uns bei der letzten Klausur gestellt haben!« – »Stimmt«, sagte dieser,
»aber die Antworten haben sich geändert.«
unbekannt

Nachwirkungen und Rezeption

Ovids *Metamorphosen* gelten als eine der einflussreichsten lateinischen Schriften der römischen Antike, was sich vor allem an ihrer reichen Rezeption in Literatur, Musik und gestaltender Kunst ablesen lässt. Abschließend begeben Sie sich nun auf Spurensuche nach diesen Nachwirkungen.

1. Finden Sie sich zur Durchführung eines Gruppenpuzzles in 3er-Gruppen zusammen (Stammgruppen).
2. Ordnen Sie sich innerhalb Ihrer Stammgruppe dem Rezeptionsbereich Literatur, Musik oder gestaltende Kunst zu. Jeder Rezeptionsbereich soll durch einen Schüler vertreten sein.
3. Setzen Sie sich mit den anderen Gruppenmitgliedern Ihres Kurses zusammen, die denselben Rezeptionsbereich gewählt haben wie Sie (Expertengruppen).
4. Sammeln Sie innerhalb Ihrer Expertengruppe Informationen zu den Stichpunkten auf Ihrem Aufgabenblatt und stellen Sie einen Info-Bogen für Ihre Stammgruppe zusammen.
5. Kehren Sie in Ihre Stammgruppen zurück und stellen Sie sich gegenseitig Ihre Info-Bögen vor. Die Zuhörer notieren sich jeweils wichtige Fakten. Bewerten Sie anschließend die Bedeutung der *Metamorphosen* anhand ihrer Nachwirkungen und Rezeption und begründen Sie ihre Wirkkraft bis in die heutige Zeit hinein.
6. Entwerfen Sie auf einem DIN A3-Bogen ein Titelbild zu Ovids *Metamorphosen*. Stellen Sie sich Ihre Ergebnisse mittels eines Gallery Walk gegenseitig vor und diskutieren Sie sie.
7. Verfassen Sie für Ihr *Metamorphosen*-Wiki ein Lemma zur *Metamorphosen*-Rezeption.
8. Der römische Dichter Horaz (65–8 v. Chr.) schrieb in seiner *ars poetica* (333): »*aut prodesse volunt aut delectare poetae*«. Bewerten Sie basierend auf den von Ihnen gelesenen Auszügen, inwiefern dieses Zitat auf Ovids *Metamorphosen* zutrifft.
9. Stellen Sie sich vor, Sie hätten die in diesem Band vorgelegten *Acht Auszüge aus Ovids Metamorphosen* als eigenständige Veröffentlichung gelesen.
   Verfassen Sie in Partnerarbeit eine Kurzrezension der acht Auszüge, in der Sie zuerst als Gesamtwertung bis zu fünf Sterne (= Bestnote) verteilen und anschließend in Ihrem Rezensionstext auf folgende Aspekte Bezug nehmen:
   A. Inhalt
   – Themen
   – Charaktere
   – Erzählperspektive
   B. Form
   – Sprache und Stil
   – Metrik

Nachwirkungen und Rezeption

Experten-Aufgaben *Literatur*
1. Recherchieren Sie im Internet folgende Schlagwörter:
   - die mittelalterliche *Aetas Ovidiana*,
   - der französische *Ovide moralisé* aus dem 14. Jahrhundert,
   - Daedalus und Icarus in *A Portrait of the Artist as a Young Man* von James Joyce,
   - *Die Verwandlung* von Franz Kafka,
   - *Die Letzte Welt* von Christoph Ransmayr.
2. Ergänzen Sie aus dem Internet weitere allgemeine Informationen zu Ovid bei Miguel de Cervantes, Ludovico Ariosto, Giovanni Boccaccio, Geoffrey Chaucer, William Shakespeare u. a.
3. Stellen Sie Ihre gesammelten Informationen auf einem Info-Bogen zusammen, um ihn anschließend vor Ihrer Stammgruppe zu referieren.

Experten-Aufgaben *Musik*
1. Recherchieren Sie im Internet folgende Kompositionen und laden Sie ggf. Klangbeispiele herunter:
   - *Sechs Symphonien nach Ovids Metamorphosen* von Carl Ditters von Dittersdorf,
   - *Six Metamorphoses after Ovid* von Benjamin Britten,
   - *La Dafne Favola drammatica* von Jacopo Corsi und Jacopo Peri.
2. Ergänzen Sie aus dem Internet weitere allgemeine Informationen zu Ovid bei Monteverdi, Gluck, Haydn, Mozart u. a.
3. Stellen Sie Ihre gesammelten Informationen auf einem Info-Bogen zusammen, um ihn anschließend vor Ihrer Stammgruppe zu referieren. Halten Sie ggf. die Musik-Downloads zur Untermalung Ihres Referats bereit.

Experten-Aufgaben *Gestaltende Kunst*
1. Recherchieren Sie im Internet folgende Kunstwerke und laden Sie nach Möglichkeit Gesamt- und Detailaufnahmen auf ein Tablet herunter:
   - *Apollo und Daphne* von Gian Lorenzo Bernini,
   - den Latona-Brunnen von Versailles,
   - *Der Fall des Ikarus* von Pieter Brueghel d. Ä.,
   - *Echo and Narcissus* von John William Waterhouse.
2. Ergänzen Sie aus dem Internet weitere allgemeine Informationen zu Ovid bei den »Pre-Raphaelites«, bei Michelangelo, Caravaggio u. a.
3. Stellen Sie Ihre gesammelten Informationen auf einem Info-Bogen zusammen, um ihn anschließend vor Ihrer Stammgruppe zu referieren. Halten Sie ggf. die Bild-Downloads auf Ihrem Tablet zur Untermalung Ihres Referats bereit.

Sprachliche Besonderheiten in Ovids *Metamorphosen*

Wortschatz
- Ovid verwendet öfter poetische Ausdrücke wie *tellus* (für *terra*) oder *navita* (für *nauta*). Teilweise werden alltägliche Wörter passend zum Kontext neu aufgeladen wie z. B. *dicere* = »dichterisch umsetzen«.

Wortbildung
- Sehr häufig zu bemerken ist die fehlende Assimilation bei Präfixen, besonders bei *in-*, z. B. *inmunis = immunis*, *inrupit = irrupit*, *inposita = imposita*, des Weiteren auch bei z. B. *adnuere = annuere*, *conplexus = complexus*.
- Häufig finden sich substantivierte Partizipien, z. B. *raptum, admissum, inventum* oder *coeptum*.
- Teils verwendet Ovid zum Versmaß passende Genus-Varianten eines Wortes wie *laurea (ae f.)* für *laurus* oder bei Eigennamen *Tartara (orum n.)* für *Tartarus* oder *Maenala (orum n.)* für *Maenalus*.
- Gelegentlich findet sich ein Simplex statt eines Kompositums, z. B. *figere* für *transfigere*.
- Selten kommt eine metrisch bedingte Zusammenziehung (Synkope) vor, so bei *pericla* für *pericula*.

Formenlehre und Satzbau
- *Numerus:* Ausgesprochen häufig ist der dichterische Plural: *coepta, mollia otia peragere, fraudes, silentia* etc.
- Gelegentlich findet sich ein Pluralis Maiestatis, so in der wörtlichen Rede des Narcissus: *copia nostri* oder in der Formulierung *liquidis porreximus oscula lymphis*.
- *Morphologie:* Oft entfällt *-ve-* bzw. *-vi-* beim Perfektstamm: *mutastis < mutavistis, norant < noverant, agitasse < agitavisse* oder *amarunt < amaverunt*.
- Ebenfalls häufig tritt die Endung *-ere* für die 3. Person Plural Perfekt Aktiv *-erunt* auf: *subiere < subierunt, gemuere < gemuerunt, fugere < fugerunt* usw.
- Wiederholt wird die Endung *-es* in der dritten Deklination durch *-is* ersetzt: *madentis = madentes* oder *mollis = molles*.
- Des Öfteren finden sich griechische Kasusendungen, so im Nominativ *(Claros, Tenedos)*, Genitiv *(Daphnes)* oder Akkusativ, z. B. im Singular bei *Creten, Booten* und *Helicen* sowie im Plural bei *Peneidas*.
- Als weitere Besonderheit ist das Morphem *-um* statt *-ium* im Genitiv Plural der dritten Deklination zu nennen: *caelestum* für *caelestium*.
- Grundsätzlich verwendet Ovid sehr oft Konstruktionen, mit denen man auf engstem Raum, d. h. in »verdichteter« Sprache Informationen vermitteln kann. An erster Stelle ist hierbei die ausgesprochen häufige Verwendung des PCs (sowohl als PPP als auch als PPA) zu erwähnen.
- Relativ häufig findet sich eine Ellipse, so entfallen z. B. öfter Formen von *esse*, ein Personalpronomen als Objekt oder *ut* nach *velle* und *licet* bzw. *ne* nach *sinere*.
- Ovid spart ferner gern Wörter durch die vielfältige Verwendung des Ablativs ein, so fällt z. B. die häufige Verwendung des *Ablativus comparationis* auf.
- Informationen werden des Weiteren durch den Einsatz des Prädikativums verdichtet.
- Wohl ebenfalls aus metrischen Gründen findet sich häufig ein Adjektivattribut statt eines Genitivattributs wie z. B. bei *Pēnēidās undās* statt *Pēnēī undās*.
- Zu demselben Zweck, wenngleich wesentlich seltener findet sich eine Trennung zweier Wortbestandteile (»Tmesis«), vgl. *ante ... quam* für *..., antequam ...*
- Ebenfalls auffällig, aber wohl eher unabhängig von metrischen Gründen ist die oftmalige Verwendung des *Genitivus obiectivus* sowie des *Genitivus partitivus*.

Häufige Stilmittel
- Ovid verwendet grundsätzlich sehr häufig die unterschiedlichsten Stilmittel zur Steigerung der Wirkung seiner Verse. Ganz besonders oft lassen sich dabei Metapher, Metonymie und Personifikation sowie Hyperbaton und Alliteration beobachten.

Der Hexameter – ein Basiskurs

Quantitierend ↔ akzentuierend

Vergleicht man die antike und die deutsche Dichtung, so besteht der wesentliche Unterschied in der Messung des Rhythmus. Während man im Deutschen die Verse *akzentuierend* nach der Betonung misst (z. B. »Ein Mánnlein stéht im Wálde, ganz stíll und stúmm«), misst die antike Dichtung *quantitierend* nach Längen und Kürzen der Silben. Dementsprechend stellen lateinische Verse eine regelmäßige, genau festgelegte Abfolge von langen und kurzen Silben dar.

Silbenlänge

Eine lateinische Silbe wird jeweils lang gemessen, wenn
- der Vokal in der Silbe von Natur aus lang ist (z. B. *nōn, prīmus*),
- ein Diphthong (= Doppellaut aus zwei verschiedenen Vokalen) vorliegt, d. h. wenn zwei aufeinander folgende Vokale zusammen ausgesprochen werden (z. B. *aut, coepta*),
- die Silbe »positionslang« ist, d. h. wenn direkt nach dem Vokal in der Silbe mindestens zwei Konsonanten folgen (z. B. *corpora, carmen, perpetuum*).

Dabei sind folgende Besonderheiten zu berücksichtigen:
1. Die zwei Konsonanten, die Positionslänge auslösen, müssen nicht zu demselben Wort gehören (z. B. bei der Wortfolge *nam vōs* bewirkt das *v* hinter dem *m*, dass *nam* positionslang wird).
2. Vor dem Buchstaben *x* wird eine Silbe immer als lang bemessen.
3. Der Buchstabe *h* gilt nicht als Konsonant, sondern stellt ohne metrische Bemessung lediglich eine ›Behauchung‹ des folgenden Lauts dar.
4. Die Buchstabenkombination *qu* wird als einfacher Konsonant betrachtet.
5. Es gilt, die Regel *muta cum liquida* zu beachten: die Kombination eines »stummen« Lautes *(b, p, d, t, g, c)* mit einem »fließenden« Konsonanten *(l, m, n, r)* bewirkt nicht automatisch Positionslänge. Die Silbe *pa* im Wort *patris* könnte z. B. kurz oder lang bemessen werden – je nachdem, wie es am besten in das Versmaß passt (entweder *patris* oder *patris*).
6. Eine letzte Besonderheit ist die so genannte *Jambenkürzung*: wenn in einem zweisilbigen Wort die Silbenfolge »kurz/lang« vorliegt (z. B. bei *mihī*), kann die natürliche Länge auch als Kürze gewertet werden – wieder je nachdem, wie es am besten in das Versmaß passt (*mihī* oder *mihi*).

---

1. Üben Sie gleich einmal, vor allem wenn Sie sich im Lateinunterricht bislang noch nicht mit Quantitäten beschäftigt haben, und bemessen Sie folgende lateinische Wörter nach ihren Längen und Kürzen, indem Sie nur die eindeutig langen Silben unterstreichen:

   nova – animus – mūtātās – dīcere – fōrmās – aurum – aetās – legebantur – liquidus – apertus

2. Markieren Sie nun in folgender Verszeile die Längen unter Berücksichtigung der Positionslänge bei aufeinander folgenden Wörtern:

   In nova fert animus mūtātās dīcere fōrmās

   …

Der Hexameter – die Grundform

Wie im Deutschen gibt es nun auch im Lateinischen eine Vielzahl unterschiedlicher Verstypen mit eigenen »Maßeinheiten«, den sogenannten Versfüßen. Für Ovids *Metamorphosen* ist der für das Epos charakteristische »daktylische Hexameter« maßgebend.

Der Hexameter setzt sich grundlegend aus sechs einzelnen Maßeinheiten zusammen (griech. *hex* [ἕξ] = »sechs«, griech. *metron* [μέτρον] = »Maß«). Der maßgebliche Versfuß für den Hexameter ist der *Daktylus* (griech. *daktylos* [δάκτυλος] = »Finger«). Wie die Elemente eines Fingers besteht der Daktylus am Beginn aus einem langen Glied, gefolgt von zwei kurzen Gliedern:

Als Besonderheit ist noch zu beachten, dass der letzte Versfuß im Hexameter unvollständig *(= katalektisch)* ist. Denn nach der Länge folgt nur noch eine Silbe, die entweder kurz oder lang sein darf – je nachdem, was für ein Wort am Versende steht. Man sagt daher auch, die letzte Silbe im daktylischen Hexameter sei *anceps* (= »doppeldeutig, schwankend«).

Die Silben eines daktylischen Hexameters reihen sich also vom Grundschema wie folgt auf:

lang/kurz/kurz – lang/kurz/kurz – lang/kurz/kurz – lang/kurz/kurz – lang/kurz/kurz – lang/kurz o. lang

Man notiert dafür in Kurzform:

— ᴗᴗ | — ᴗᴗ | — ᴗᴗ | — ᴗᴗ | — ᴗᴗ | — x

Diese Form des Markierens von Silbenquantitäten eines Verses nach Längen und Kürzen nennt man »Skandieren«.

---

3. Lesen Sie folgenden deutschen Hexameter mehrfach laut vor, um sich an das Grundschema zu gewöhnen. Lesen Sie spontan die Längen und Kürzen der Vokale (ohne auf Positionslänge zu achten).

   Tausende Leute behaupten, es gebe doch tatsächlich Ufos.

   Tipp: Eventuell ist es für Sie eine Hilfe, sich für den Anfang diesen Vers als Modell für das Grundschema zu merken. Selbstverständlich können Sie auch einen eigenen Merkvers dichten.

Der Hexameter – ein variables Versmaß

Wenn nun jeder Hexameter genau so aufgebaut sein müsste, gäbe es wahrscheinlich nur sehr wenige lateinische Gedichte in diesem Versmaß, denn es dürften ja nur Wörter – und dann auch noch in den jeweiligen Deklinations- und Konjugationsformen (!) – verwendet werden, die immer genau in diese Silbenfolge passen. Sehr viele Wörter, in denen zwei Längen aufeinander folgen, würden daher (außer am Versende) beim Dichten von vornherein unter den Tisch fallen!

Diese schwierige Auflage wird daher gelockert, indem jeweils zwei Kürzen immer auch durch eine Länge ersetzt werden dürfen. Im fünften Versfuß kommt dies allerdings nur sehr selten vor.

Das Schema des Hexameters mit allen Variablen wird dementsprechend in Kurzform wie folgt notiert:

— $\overline{\smile\smile}$ | — $\overline{\smile\smile}$ | — $\overline{\smile\smile}$ | — $\overline{\smile\smile}$ | — ᴗᴗ | — x

Das Versmaß als stilistisches Ausdrucksmittel

Durch die Möglichkeit, zwei Kürzen bei Bedarf durch eine Länge zu ersetzen, wird der Hexameter zu einem sehr variablen Versmaß, das mit den Quantitäten auch den Inhalt abbilden kann.

viele Spondeen → getragen

Zum Beispiel bewirkt der Dichter durch die Anhäufung von Spondeen (zwei Längen) eine gewisse Verzögerung bzw. Feierlichkeit oder Getragenheit. Vor allem in Verbindung mit dunklen Vokalen *(a, o, u)* kann auch etwas Unheilvolles, Drohendes oder Gewaltiges gespiegelt werden:

īgnāvus būbō, dīrum mortālibus ōmen
— — | — — | — — | — — | — ⌣⌣ | — ×

(der träge Uhu, für die Menschen ein unheilvolles Vorzeichen)

viele Daktylen → lebhaft

Mit vielen Daktylen (lang/kurz/kurz) hingegen drückt der Dichter Lebhaftigkeit aus. So können z. B. viele Kürzen die Schnelligkeit der flüchtigen Zeit ausdrücken:

sed fugit intereā fugit irreparābile tempus
— ⌣⌣ | — ⌣⌣ | — ⌣⌣ | — ⌣⌣ | — ⌣⌣ | — ×

(aber es flieht inzwischen, es flieht die unwiederbringliche Zeit)

---

4. Skandieren Sie zur Übung folgende Verse:

   In nova fert animus mūtātās dīcere fōrmās

   corpora; dī, coeptīs (nam vōs mūtāstis et illās)

   adspīrāte meīs prīmāqu^e ab orīgine mundī

   ad mea perpetuum dēdūcite tempora carmen!

Besonderheiten der Silbenkürzung

Im dritten Vers in Aufgabe 4 oben ist Ihnen sicherlich das kleine hochgesetzte *e* in *primaque* aufgefallen. Das *e* tritt beim Vorlesen im Lautwert zurück, einige lassen es sogar ganz entfallen. Man spricht hierbei von einer *Elision*. Diese ist eine der beiden Möglichkeiten zur Silbenkürzung:

1. *Elision*: Eine Elision tritt ein, wenn der Endbuchstabe eines Wortes und der Anfangsbuchstabe des nächsten Wortes Vokale sind. Dabei wird der erste Vokal »ausgestoßen« oder beim Lesen lautlich stark zurückgenommen. Beispiel: *primaque ab origine → primaqu^e ab origine …*

Etwas Ähnliches passiert, wenn eine auslautende Silbe auf *-m (-am, -em, -im, -um)* vor einem Wort steht, das mit einem Vokal beginnt. Hier entfällt gleich das auslautende *-am, -em, -im* oder *-um*.

Beispiel: *tantum atque → tant' atque* (gesprochen: *tantatque*).

2. *Aphärese*: Die Aphärese ist gleichsam eine umgekehrte Elision. Sie tritt ein, wenn bei zwei aufeinander folgenden Wörtern das erste Wort auf Vokal endet und das zweite Wort eine vokalisch beginnende Form von *esse* ist. Dann entfällt das e der Form von *esse*, und der erste Vokal bleibt erhalten. Beispiel: *certa est → certa 'st* (gesprochen: *certast*).

Dasselbe passiert, wenn eine auslautende Silbe auf *-m (-am, -em, -im, -um)* vor *est* steht. Auch hier entfällt dann der Vokal im zweiten Wort.

Beispiel: *certum est → certum 'st* (gesprochen: *certumst*).

---

5. Führen Sie bei folgenden Wortpaaren eine Elision oder Aphärese durch:

   saepe ubi - sata est - peregrinum ut - nimium est

Vers-Einschnitte

Last, but not least müssen noch die Vers-Einschnitte (»Zäsuren«, »Dihäresen«) erwähnt werden. Sie sind für die Bewertung der metrischen Gestaltung eines Verses von zentraler Bedeutung, denn sie zerschneiden einen Vers in Abschnitte, die sich für das Verständnis des Satzbaus, aber auch für die inhaltliche Bedeutung nachhaltig auswirken können.

Die unterschiedlichen Verseinschnitte markieren im Hexameter kleine Verzögerungen im Versfluss. Sie sollten als kurze Pausen beim Lesevortrag eingehalten werden.

Zäsuren

Ausgelöst wird eine Zäsur dadurch, dass ein Wort im Vers an einer signifikanten Stelle endet.

Am häufigsten tritt ein Wortende an folgenden drei Versstellen auf:
1. nach der beginnenden Länge (auch Hebung genannt) des zweiten Versfußes: die so genannte *Trithemimeres*
2. nach der beginnenden Länge (Hebung) des dritten Versfußes: die *Penthemimeres* (kommt am häufigsten vor, ist meist mit einem Satzzeichen verbunden)
3. nach der beginnenden Länge (Hebung) des vierten Versfußes: die *Hephthemimeres*.

In folgendem Beispiel sind alle drei Zäsuren vertreten:

ut dēsint vīrēs, tamen est laudanda voluntās
– –|–//–|–// ⌣⌣ | –//– | – ⌣⌣ | – ×

(auch wenn die Kräfte fehlen, ist doch
der gute Wille zu loben)

Bukolische Dihärese

Selten tritt auch am Schluss des vierten Versfußes (d. h. nach dessen sogenannter Senkung) die *Bukolische Dihärese* auf. Sie unterbricht den Hexameter nicht so stark und wird daher als »weiblicher Verseinschnitt« bezeichnet. Die anderen Verseinschnitte wirken beim Leser stärker und werden deshalb als »männlich« bezeichnet.

Die Skandierung samt rhythmischer Gliederung eines Verses nach Zäsuren und Dihäresen nennt man metrische Analyse.

---

6. Ergänzen Sie nun abschließend Ihre bereits vorgenommene Skandierung der folgenden Verse, indem Sie die Zäsuren markieren und benennen:

In nova fert animus mūtātās dīcere fōrmās

corpora; dī, coeptīs (nam vōs mūtāstis et illās)

adspīrāte meīs prīmāquᵉ ab orīgine mundī

ad mea perpetuum dēdūcite tempora carmen!

Lernwortschatz

Proömium: Dichter und Dichtung im Wandel

orīgō, orīginis f.	Herkunft; Ursprung
mundus, -ī m.	Welt; Weltall
tempus, temporis n.	Zeit, Zeitpunkt, Zeitumstand
carmen, carminis n.	Gedicht; Lied; Spruch; Gebet

Die vier Weltalter: Antike Evolution – Das Goldene Weltalter I

aureus, -a, -um	golden
aetās, aetātis f.	Zeitalter; Lebensalter
sponte suā	freiwillig
lēx, lēgis f.	Gesetz
5 fidēs, fideī f.	Treue; Vertrauen; Glaubwürdigkeit
rēctum, -ī n.	das Richtige
colere, coluī, cultum	bebauen; pflegen; verehren
poena, -ae f.	Strafe
metus, metūs m.	Furcht, Besorgnis
10 legere, lēgī, lēctum	lesen; sammeln
supplex, -plex, -plex, *Gen.* supplicis	demütig bittend; flehentlich
timēre, timuī, —	fürchten; vor *etw.* Angst haben
iūdex, iūdicis m.	Richter
ōs, ōris n.	Mund, Gesicht
15 tūtus, -a, -um	sicher; geschützt
caedere, cecīdī, caesum	fällen
vīsere, vīsō, vīsī, —	besuchen
orbis, orbis m.	Kreis; Erdkreis
mōns, montis m.	Berg
20 liquidus, -a, -um	flüssig, fließend
dēscendere, -scendī, -scēnsum	herabsteigen; hinabsteigen
unda, -ae f.	Welle; Woge; Gewässer
mortālēs, mortālium Pl. m.	die Menschen
lītus, lītoris n.	Strand, Küste
25 nōvisse	kennen, wissen
praeceps, praeceps, praeceps	kopfüber; steil; überstürzt
cingere, cīnxī, cīnctum	gürten; umgeben; umzingeln
cornū, cornūs n.	Horn; Heeresflügel
flectere, flexī, flexum	biegen; beugen
30 ūsus, ūsūs m.	Gebrauch, Nutzen; Erfahrung; Praxis; Übung
mollis, -is, -e	weich, mild
ōtium, -ī n.	freie Zeit; Muße; Ruhe; Frieden
gēns, gentis f.	Volk; Stamm

Das Goldene Weltalter II

contentus, -a, -um	zufrieden; froh
cibus, -ī m.	Nahrung; Futter; Speise; Essen
cōgere, coēgī, coāctum	zusammentreiben; zwingen
dūrus, -a, -um	hart
5 haerēre, haesī, haesum	hängen; stecken bleiben
arbor, arboris f.	Baum
aeternus, -a, -um	ewig
placidus, -a, -um	ruhig; friedlich; sanft
aura, -ae f.	Luft; Luftzug
10 nāscī, nātus sum	geboren werden; entstehen; sich erheben

ferre, tulī, lātum — tragen; bringen
flūmen, flūminis n. — Fluss; Strom

Das Silberne Weltalter

tenebrae, tenebrārum Pl. f. — Dunkelheit; Finsternis
argentum, -ī n. — Silber
aurum, -ī n. — Gold
pretium, pretiī n. — Wert
5 aes, aeris n. — Bronze
hiems, hiemis f. — Winter
aestus, aestūs m. — Hitze; Glut
brevis, -is, -e — kurz
spatium, spatiī n. — Zeitraum
10 exigere, exēgī, exāctum — ausführen; vollenden
āēr, āēris m. — untere Luftschicht; Luft
ventus, -ī m. — Wind
domus, domūs f. — Haus
premere, pressī, pressum — drücken; bedrängen
15 iugum, -ī n. — Joch

Das Bronzene Weltalter und Das Eiserne Weltalter I

succēdere, -cessī, -cessum — vorrücken; nachrücken; an die Stelle treten
saevus, -a, -um — wild; wütend; grimmig; grausam; schrecklich
ingenium, ingeniī n. — Veranlagung; Charakter; Wesen
ultimus, -a, -um — der letzte
5 ferrum, -ī n. — Eisen
protinus *(Adv.)* — unverzüglich; sogleich; vorwärts
fugere, fūgī, fugitum — fliehen; flüchten
pudor, pudōris m. — Scham; Scheu; Anstand; Ehrgefühl
dolus, -ī m. — List; Täuschung
10 īnsidiae, īnsidiārum Pl. f. — Falle; Hinterhalt
vīs *(im Sg. kein Gen.)* f. — Kraft; Gewalt
prius *(Adv.)* — früher; vorher
flūctus, flūctūs m. — Woge; Flut; Strömung
commūnis, -is, -e — gemeinsam; öffentlich
15 lūmen, lūminis n. — Licht
sōl, sōlis m. — Sonne
cautus, -a, -um — vorsichtig
humus, humī f. — Erdboden; Erde

Das Eiserne Weltalter II

dīves, dīves, dīves — reich
umbra, -ae f. — Schatten
opēs, opum Pl. f. — Reichtum
malum, ī n. — Übel; Leid
5 uterque, utraque, utrumque — jeder (von beiden); beide
sanguineus, -a, -um — blutig
manus, manūs f. — Hand; Schar
vīvere, vīxī, — — leben
rapere, rapuī, raptum — rauben; reißen
10 hospes, hospitis m. — Gast; Gastgeber
rārus, -a, -um — selten
coniu(n)x, coniugis f. — Gattin

marītus, -ī m.	Ehemann
miscēre, miscuī, mixtum	mischen
15 virgō, virginis f.	junges Mädchen; junge Frau
caedēs, caedis f.	Mord; Blutbad; Gemetzel
caelestēs, caelestium Pl. m.	Götter
relinquere, relīquī, relictum	zurücklassen; verlassen

Lycaon: Ein antiker Werwolf?

dīmittere, dīmīsī, dīmissum	entlassen; wegschicken; aufgeben
solvere, solvī, solūtum	lösen; (be)zahlen
contingere, contigī, contāctum	berühren
auris, auris f.	Ohr
5 imāgō, imāginis f.	Abbild; Erscheinung; Gestalt
mora, -ae f.	Aufschub; Zeit(raum)
reperīre, repperī, repertum	finden
trānsīre, -eō, -iī, -itum	überqueren
sēdēs, sēdis f.	Sitz; Wohnsitz
10 tēctum, -ī n.	Dach; Haus
ingredī, ingressus sum	betreten
sērus, -a, -um	spät
nox, noctis f.	Nacht
sīgnum, -ī n.	Zeichen
15 vulgus, vulgī n.	Volk
precārī, precātus sum	bitten; beten
experīrī, expertus sum	erproben; erfahren
gravis, -is, -e	schwer
somnus, -ī m.	Schlaf
20 perdere, perdidī, perditum	zugrunde richten; vernichten
mors, mortis f.	Tod
terrēre, terruī, territum	erschrecken
rūs, rūris n.	Land
loquī, locūtus sum	sprechen; reden
25 cōnārī, cōnātus sum	versuchen
colligere, collēgī, collēctum	sammeln
solēre, solitus sum	*etw. zu tun* pflegen; *etw.* gewöhnlich *tun*
cupiditās, cupiditātis f.	Begierde; Leidenschaft
vertī, versus sum	sich hinwenden; sich zuwenden
30 fierī, factus sum	werden; gemacht werden
vetus, vetus, vetus	alt
servāre	retten; bewahren
vestīgium, -ī n.	Spur
vultus, vultūs m.	Gesicht
35 oculus, -ī m.	Auge

Apoll und Daphne: Die erste Liebe – aus einem Streit entstanden

īgnārus, -a, -um	unwissend
nūper *(Adv.)*	neulich; vor kurzem
vincere, vīcī, victum	siegen; besiegen
superbus, -a, -um	hochmütig; stolz
5 umerus, -ī m.	Oberarm; Schulter
vulnus, vulneris n.	Wunde
hostis, hostis m.	Feind
laus, laudis f.	Lob; Ruhm; Anerkennung

cēdere, cessī, cessum	gehen; weichen; sich unterordnen; nachstehen
10 glōria, -ae f.	Ruhm; Ehre

Apoll und Daphne: Heiße und kalte Gefühle

cupere, cupīvī, cupītum	wünschen; verlangen; begehren
spērāre	hoffen
fallere, fefellī, —	täuschen
levis, -is, -e	leicht, leichtbeweglich
5 ārdēre, ārsī, ārsum	brennen
forte (Adv.)	zufällig
vel … vel	entweder … oder
nimis (Adv.)	zu sehr, zu
collum, -ī n.	Hals
10 ait	er/sie/es sagt
īgnis, īgnis m.	Feuer
sīdus, sīderis n.	Stern
similis, -is, -e	ähnlich
satis (Adv.)	genug; ausreichend
15 nūdus, -a, -um	nackt; unbedeckt
medius, -a, -um	mittlerer
plūs	mehr
pars, partis f.	Teil
latēre, latuī, —	verborgen sein
20 resistere, restitī, —	stehen bleiben
manēre, mānsī, mānsum	bleiben; verweilen
īnsequī, īnsecūtus sum	verfolgen
sequī, secūtus sum	folgen
cadere, cecidī, —	fallen
25 laedere, laesī, laesum	verletzen; stoßen
-ve	oder
dolor, dolōris m.	Schmerz
asper, aspera, asperum	rau; mühsam
ōrāre	bitten
30 currere, cucurrī, cursum	laufen; eilen; rennen
fuga, -ae f.	Flucht
hīc (Adv.)	hier
nescīre, nescīvī, nescītum	nicht wissen
servīre	dienen
35 patēre, patuī, —	offen stehen; sichtbar sein
pectus, pectoris n.	Brust; Herz
vulnus, vulneris n.	Wunde
orbis, -is m.	Kreis; Erdkreis
subicere, subiēcī, subiectum	unterwerfen
40 potentia, -ae f.	Macht
ars, artis f.	Kunst

Apoll und Daphne: Die Verwandlung

inquit	er/sie/es sagt
ops, opis f.	Kraft: Stärke; Hilfe
nūmen, nūminis n.	göttliche Macht; Gottheit
nimium (Adv.)	zu sehr; zu
5 vix (Adv.)	kaum
prex, precis f.	Bitte; Gebet

	occupāre	besetzen; in Besitz nehmen; ergreifen
	crēscere, crēvī, crētum	wachsen
	pēs, pedis m.	Fuß
10	ōra, ōrum n. *(dicht. Pl.)*	Gesicht
	remanēre, -mānsī, -mānsum	zurückbleiben; bleiben

Apoll und Daphne: (K)ein Happy End?

	dextra, -ae f.	die rechte Hand
	sentīre, sēnsī, sēnsum	fühlen; spüren
	adhūc *(Adv.)*	noch; noch immer
	quoniam	weil; da ja
5	custōs, custōdis m./f.	Wächter; Wächterin
	tuērī, tuitus sum	beschützen
	perpetuus, -a, -um	beständig; ewig
	gerere, gessī, gestum	tragen; genießen
	honor, honōris m.	Ehre
10	vidērī, vīsus sum	scheinen
	agitāre	(heftig) bewegen

Narcissus und Echo: Ein unnahbarer Schönling, Teil 1

	quō	je
	magis *(Adv.)*	mehr
	rapere, rapuī, raptum	rauben
	quotiēns *(Adv.)*	wie oft
5	dictum, -ī n.	Wort
	comes, comitis m.	Begleiter; Gefährte
	agmen, agminis n.	Schar
	respicere, respexī, respectum	zurückschauen
	rūrsus *(Adv.)*	wieder
10	recipere, recēpī, receptum	aufnehmen; empfangen
	hūc *(Adv.)*	hierher
	libēns, libēns, libēns	gern
	referre, rettulī, relātum	zurücktragen; erwidern
	ēgredī, ēgressus sum	hinausgehen; verlassen; herauskommen
15	silva, -ae f.	Wald
	auferre, abstulī, ablātum	wegschaffen; wegnehmen; entfernen
	morī, mortuus sum	sterben
	repellere, reppulī, repulsum	zurücktreiben; abweisen
	superesse, -fuī, —	übrig sein
20	inde *(Adv.)*	dann; darauf

Narcissus und Echo: Ein unnahbarer Schönling, Teil 2

	tendere, tetendī, tentum/tēnsum	ausstrecken
	crūdēlis, -is, -e	grausam
	opportūnus, -a, -um	geeignet; günstig; passend
	tot *(indeklinabel)*	so viele
5	agere, ēgī, āctum	treiben; verbringen
	saeculum, -ī n.	Jahrhundert; langer Zeitraum
	meminisse *(nur im Perfekt)*	sich erinnern
	invenīre, invēnī, inventum	finden
	tantus, -a, -um	so groß
10	tenēre, tenuī, tentum	halten; besitzen
	dolēre, doluī, —	traurig sein; Schmerz empfinden

mare, maris n.	Meer
ingēns, ingēns, ingēns	riesig
via, -ae f.	Weg; Straße
15 claudere, clausī, clausum	schließen; abschließen
moenia, moenium *Pl. n.*	Stadtmauer; Befestigung
porta, -ae f.	Tür; Tor
prohibēre, -hibuī, -hibitum	fernhalten; abhalten
aqua, -ae f.	Wasser
20 nītī, nīxus/nīsus sum	sich aufrichten; emporstreben
tangere, tetigī, tāctum	berühren
quisquis	wer auch immer
quō *(Adv.)*	wohin
spēs, speī f.	Hoffnung
25 prōmittere, -mīsī, -missum	versprechen
lacrima, -ae f.	Träne
mōtus, -ūs m.	Bewegung
suspicārī, suspicātus sum	vermuten
pervenīre, -vēnī, -ventum	gelangen; hinkommen; erreichen
30 exstinguere, -stīnxī, -stīnctum	auslöschen; vernichten; umbringen
dīligere, dīlēxī, dīlēctum	lieben
anima, -ae f.	Seele

Narcissus und Echo: Todesursache Eigenliebe

turbāre	durcheinanderbringen; trüben
obscūrus, -a, -um	dunkel; unklar
reddere, reddidī, redditum	zurückgeben; wieder zum Vorschein bringen
lacus, -ūs m.	See; Teich
5 dēserere, dēseruī, dēsertum	verlassen; im Stich lassen
licet, licuit, —	es ist erlaubt; es ist möglich
miser, misera, miserum	elend; unglücklich
praebēre, praebuī, praebitum	gewähren; geben
furor, furōris m.	Raserei; Wahnsinn
10 summus, -a, -um	der oberste
varius, -a, -um	verschieden; bunt
simul	sobald als
tegere, tēxī, tēctum	bedecken; verstecken; verbergen

Die lycischen Bauern: Kein Akt von Menschlichkeit

fīnēs, finium Pl. m.	Gebiet
labor, labōris m.	Arbeit, Mühe; Strapaze
prōspicere, -spexī, -spectum	auf *etw.* schauen
mūnus, mūneris n.	Aufgabe; Geschenk
5 membrum, -ī n.	Glied; Körperteil
carēre, caruī, —	nicht haben; entbehren
fatērī, fassus sum	bekennen
accipere, accēpī, acceptum	annehmen; empfangen; bekommen
sinus, -ūs m.	Schoß
10 cāsus, -ūs m.	Fall; Zufall
addere, addidī, additum	hinzufügen
illūc *(Adv.)*	dorthin
differre, distulī, dīlātum	aufschieben
īra, -ae f.	Zorn
15 indignus, -a, -um	unwürdig

	sustinēre, sustinuī, sustentum	aushalten; ertragen
	tollere, sustulī, sublātum	hochheben
	ēvenīre, ēvēnī, ēventum	sich ereignen
	optāre	wünschen
20	iuvāre, iūvī, iūtum	freuen; erfreuen
	modō … modō	bald … bald; mal … mal
	prōferre, prōtulī, prōlātum	vorwärtstragen; hervorstrecken
	caput, capitis n.	Haupt
	rīpa, -ae f.	Ufer
25	cōnsistere, cōnstitī, —	stehenbleiben; Halt machen
	turpis, turpis, turpe	hässlich; schändlich; moralisch schlecht
	exercēre, exercuī, exercitum	üben; ausüben; bewegen
	lingua, -ae f.	Zunge
	pellere, pepulī, pulsum	vertreiben
30	tergum, -ī n.	Rücken

Daedalus und Ikarus: Heimweh macht erfinderisch

	exilium, exiliī n.	Exil; Verbannung
	perīculum, per(ī)clī n.	Gefahr
	impedīre	hindern; behindern
	opus, operis n.	Arbeit; Mühe; Werk
5	impōnere, -posuī, -positum	einsetzen; anlegen
	īnstruere, īnstrūxī, īnstrūctum	unterrichten; unterweisen
	nātus, ī m.	Sohn
	monēre, monuī, monitum	mahnen; ermahnen
	volāre	fliegen
10	pariter *(Adv.)*	ebenso; in gleicher Weise
	trādere, trādidī, trāditum	übergeben; anvertrauen
	patrius, -a, -um	väterlich
	repetere, repetīvī, repetītum	wiederholen
	ante *(Adv.)*	vorher
15	velut	so wie; wie zum Beispiel
	prodūcere, -dūxī, -ductum	vorführen; hervorholen
	hortārī, hortātus sum	auffordern; ermahnen

Daedalus und Ikarus: Gleich den Göttern … und doch sterblich

	innītī, -nīxus sum	sich *auf etw.* stützen
	crēdere, crēdidī, crēditum	glauben; vertrauen
	altus, -a, -um	hoch, tief
	iter, itineris n.	Reise; Weg
5	vinculum, -ī n.	Fessel; Band
	excipere, -cēpī, -ceptum	aufnehmen
	īnfēlīx, *Gen.* īnfēlīcis	unglücklich
	regiō, regiōnis f.	Gebiet; Gegend
	requīrere, -quīsīvī, -quīsītum	nachforschen
10	aspicere, aspexī, aspectum	erblicken
	condere, condidī, conditum	gründen; bergen; verstecken

Epilog: Dichter und Dichtung im Wandel der Zeit

	exigere, exēgī, exāctum	ausführen; vollenden
	diēs, diēī m.	Tag
	iūs, iūris n.	Recht
	incertus, -a, -um	ungewiss; unsicher
5	fāma, -ae f.	Ruf; Ansehen